我到底怎么了

青少年心理健康指南

美国心理健康协会 —————— 著

[美]吉玛·科雷尔 —————— 绘

李剑敏 —————— 译

四川文艺出版社

果麦文化 出品

谨以此书献给所有痛苦挣扎、孤立无援的人。献给所有感觉自己不被认可、无人疼爱、招人讨厌，惴惴不安的人。献给所有凌晨三点钟盯着黑暗，总是忍不住批评自己、怀疑自己的人。这本书试图回答这样的问题：

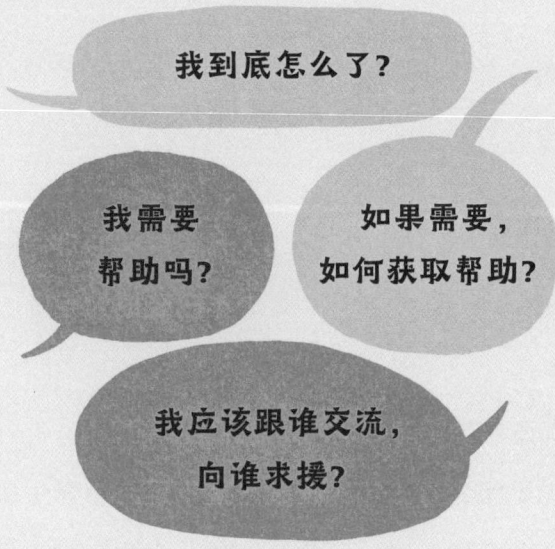

更重要的是，谨以此书献给所有渴望摆脱痛苦、重建人生的人。

没错，这本书是献给你的！

这就是你在寻找的书。请继续阅读。

推荐序

贴心又可靠的青少年心理健康手册

贺岭峰
（上海体育大学心理学院教授、博士生导师，
12355上海青少年公共服务中心理事会副理事长）

很遗憾，当今越来越多的人开始遭遇心理问题，而其中有一半是青少年。可以说，青少年已经成为我国心理问题最多的群体。

为什么青少年的心理问题越来越多呢？

首先是因为青少年的睡眠严重不足。小学生每天的睡眠时间不应少于10小时，目前95%的小学生睡眠不足；初中生每天的睡眠时间不应少于9小时，目前90%的初中生睡眠不足；高中生平均每天的睡眠时间不应少于8小时，目前85%的高中生睡眠不足。其中，初三或高三的学生100%睡眠不足，他们的睡眠时间不只达不到8或9小时，甚至连7小时都达不到，只有6个多小时，甚至有些学生每日睡眠不足5小时。而

我们一般认为7小时睡眠是健康线，5小时睡眠是生死线。

其次是因为青少年缺乏运动。理论上，青少年每天的户外运动时间不应少于1小时，最好能够达到2小时。但是现在有一半的青少年每天运动时间不足1小时。学校里的体育活动经常被无故取消，主课老师常常侵占体育课时间，老师拖堂加上提前3分钟的预备铃导致课间10分钟无法得到保证，有的学校甚至不允许三年级以下的学生课间10分钟离开教室。有的学校的运动会只让有项目的运动员按照项目顺序参加，其他同学只能在教室里上自习。还有的老师把下课第一个冲出教室的学生称为"多动症"，并且直接把家长叫来批评。运动不足会导致青少年骨质疏松、肌肉萎缩、BMI（身体质量指数）不达标、脑供氧供血不足、脊柱侧弯、近视、多巴胺和内啡肽分泌不足等一系列身心问题。

再次是青少年每天接受自然光照射的时间也不足1小时。这也会严重影响身心健康。研究表明，在北欧或北极圈地区，光照不足会引发市民的季节性抑郁症。中国大部分地区本来日照充足，但是由于我们长期把孩子关在房间里，每天接受的光照严重不足。一般而言，正常晴天的户外自然光的照度可达30000勒克斯，而教室内的照度只有300勒克斯，只相当于自然光的1%,家中书房里的照度甚至达不到300勒克斯。而研究表明,要想维持正常的情绪状态,青少年每天接受的光照强度不应少于2000勒克斯。

复次,青少年的社交时间也被作业、考试、补习挤占得所剩无几。由于学生在学校里的活动时间和空间受到了严格限制,以至于学生在学校里的社交变得极其有限,只剩下"厕所社交"。学生周末和寒暑假的时间也被大量作业和各种补习班所挤占,在社区和大自然中参加的活动很少,也找不到玩伴。有限的社交来自网络、剧本杀和漫展等。这使得孩子越来越孤独,越来越多的青少年成为"i人"、社恐,缺少人际沟通的基本能力和技巧,在面临人际冲突时也缺少有效的应对方式,进而引发各种由于社交能力不足带来的人际关系问题。而亲子关系、师生关系和同学关系也常常因为过度内卷而演化成冲突和对立的关系。

最后,青少年在成长的过程中所接受的反馈常常以负反馈为主。按照美国心理学家洛萨达提出的"洛萨达线"标准,学生在学校中获得的积极反馈和消极反馈之比应该大于2.9013∶1,才能保证学生有持续学习的愿望和动力。但我们的孩子在学习上获得的正负反馈之比小于1∶6,也就是说,他们每受到一次表扬，至少会遭受6次以上的批评，这会让学生缺少自我效能，甚至产生习得性无助感。这也是最终导致很多孩子网络成瘾、厌学辍学、自伤自残的根本原因。不许大声喧哗、不许开怀大笑、不许手舞足蹈、不许追逐打闹，不许年轻人自然地表达情绪，青少年快乐的表达成为成年人眼中的一种禁忌。于是，我们在学生的脸上越来越看不到发自内心的喜悦与兴奋。

青少年正值叛逆期，加上对成人世界缺乏信任，导致他们遇到心理问题常常不愿意向别人诉说和求助，即使向父母和老师求助，也非常容易被忽视，甚至会给自己带来很多恶性评价或者歧视。所以一半以上的青少年遇到心理问题时，都是靠自己默默忍受，或者是在网络上搜索一些信息来寻求自我调节。

可是，网上搜到的信息不一定靠谱。因为网络上按照搜索竞价优先出现的对心理问题的解答，常常来自某些商家的广告。这些广告有可能会夸大心理问题的严重程度及风险，很容易让青少年对号入座、过度评估，把自己的问题看成是比较严重的心理疾病，放大了心理问题的负效应，从而加重心理问题，误导咨询和治疗的方向。

此外，由于心理学的理论流派和治疗方法众多，对同一个问题或者症状的解释也常常众说不一，甚至相互冲突。这可能会让求助的青少年面临更严重的窘境，可能会优先关注负性信息，夸大自己问题的严重性及后效，甚至觉得无法解决。

在这种情况下，青少年想获得通俗易懂、权威可靠的心理健康信息，非常困难。要么在权威信息中充斥着大量的术语和理论，难以看懂，无法借鉴；要么就是心理学爱好者或不同流派的从业人员夸大了心理问题的严重性，甚至对同一类症状做出多种完全不同的解释，让青少年如坠五里雾中。

而大家看到的这本《我到底怎么了：青少年心理健康指南》，则兼具专业性、权威性和通俗性，是美国心理健康协会送给青少年的一份礼物。书里摒弃了心理学的学术语言，用语贴近青少年的生活实际，介绍了常见的心理问题的症状和感受，并且为青少年应对各种心理问题提出了有针对性的对策和建议，是一本特别贴心的自助手册。

在这本书里可以看到什么呢？

第一部分"我还好吗？"，主要告诉青少年怎样判断自己是不是出了心理问题。不仅介绍了常见心理问题（如情绪障碍、焦虑障碍、注意力障碍、创伤和创伤后应激障碍、进食障碍、精神错乱等）的主要症状，还提供了心理健康评估表，可以让青少年对自己的心理健康状况做出准确的评估，及时发现自己可能出现的心理问题，及时求助。

第二部分"谈论心理健康"，告诉青少年如果遇到心理健康问题，该如何向身边的人诉说和求助。作者甚至专门提供了青少年跟别人谈话时如何自我描述的备选清单，可以大大提高青少年向别人描述自己心理问题的精准性，更有利于得到他人的理解和评估。

第三部分"寻求专业帮助"，告诉青少年遇到各种心理健康问题，该如何去寻求专业的心理帮助。如何精准地描述自己的问题？如何找到适合自己的心理服务工作者？如何应对在寻求心理服务的过程中出现的各种问题？……这一部分为青少年可能遇到的一些专业人员、专业场合做好心理上的准备。

第四部分"更好地照顾自己"，回答了一些常见的问题，比如：如何起床出门？如何应对惊恐发作？如何对抗孤独？如何停止自我厌恶？如何遏制自杀意念？如何避免思维陷阱？如何管理困难情绪？如何远离不良影响？……这一部分提供的自助练习简便易行，能起到自我心理调整的作用，是比较好的行为调整指南。

最后的"提升心理健康的30个法门"也非常有用。其中提到，要学会保持温度凉快，好好睡一觉，睡眠是解决问题的关键一环，而且在凉爽的环境中，更有利于提高睡眠的质量。在提升脑力方面，提出了食用黑巧克力，或者加强冥想、想象等脑力训练，这都有利于帮助自己保持身心健康。作者还建议青少年去撸猫遛狗，保持跟动物的良好关系，甚至照顾动植物本身也具有疗愈作用。还提出要花时间笑一笑，新生儿每天会微笑400次，而成人只有15次，所以刻意地进行微笑练习，也能起到很好的保持心理健康的作用。这些都是容易实践，也很有效果的建议。

本书图文并茂，吉玛·科雷尔的插图让心理健康这一严肃的问题变得更加可视化，更加轻松愉悦、简洁明了。译者李剑敏在翻译的过程中大量使用了贴近年轻人的、通俗的、口语化的语言，让专业的内容变得浅显易懂，把严肃的学科知识讲成了生活当中轻松的会话，降低了读者的陌生感和恐惧感。

书中列举了很多美国青少年可以求助的心理服务资源。其实，在中国也有着非常丰富的心理健康资源，比如：

* **国家工业和信息化部及国家卫生健康委共同批复的官方平台"国家心理健康网"(https://www.cnnmh.cn)**
* **由团中央组织、遍布全国的12355青少年求助热线**
* **各名牌大学心理健康指导中心开设的心理咨询门诊和求助热线**
* **每个城市的精神卫生中心和各大医院心理科开设的心理健康门诊**
* **各个大中小学开设的心理咨询室和心灵驿站**
* **各社区开设的青少年心理健康指导中心和社区心理咨询中心**
* **各种慈善基金会和志愿者组织提供的免费心理咨询服务**

一般来说,在以上机构都可以寻求到免费的青少年心理咨询服务的资源。如果遇到比较严重的心理问题,还是建议到当地的精神卫生中心的心理咨询门诊或大医院的精神科或心理科就诊。

青少年心理问题值得每个人关注,这本书是青少年、家长、老师、心理学爱好者都值得阅读的青少年心理健康指南。

是为序。

2024年夏至于上海南翔

目 录

如何使用这本书 1

引言 3

第一部分　我还好吗？
心理疾病的症状 9
情绪障碍 14
焦虑障碍 25
注意力障碍 35
创伤和创伤后应激障碍 38
进食障碍 45
精神错乱 50
心理健康评估表 54

第二部分　谈论心理健康

准备和别人聊聊心理问题 64

跟父母或看护人聊聊 73

自助练习：谈话前的准备 80

自助练习：有助于谈话的书信范例 84

第三部分　寻求专业帮助

心理治疗面面谈 90

线上心理治疗 101

心理治疗App 104

短信、热线电话和热线服务 106

药物治疗 109

住院治疗 115

第四部分　更好地照顾自己

如何起床出门？ 123

如何应对惊恐发作？ 127

对抗孤独 130

停止自我厌恶 134

遏制自杀意念 139

自助练习：提高安全感 148

自助练习：学会彻底接纳 153

避免思维陷阱 159

自助练习：摆脱灾难化想象 168

管理困难情绪 172

远离不良影响 179

自助练习：为生活排毒 184

结语 187

提升心理健康的 30 个法门 189

相关资源 194

如何使用这本书

- 本书的阅读方法没有一定之规。随便从哪儿开始读都可以，也不强求从头读到尾。可能只有某个章节真正对你有价值。你完全可以从那里开始。
- 每回只读一点点，给自己留出思考或休息的时间。学习新知识、领会新信息需要时间，别着急。
- 如果你喜欢边读边记，不妨写下你的想法、感受，尤其是疑问。
- 随意翻阅，专注于你最感兴趣的章节或使你备受困扰的疑难。
- 本书并非可以让你按照具体步骤付诸实践的工具书，它只是一本入门指南，但最好的入门书往往会让你出于不同缘故时不时重新翻阅。换句话说，可以把它放在你的书架上，以备不时之需。
- 跟你在乎的人分享，尤其是你觉得可以帮到你朋友的那些章节；或是跟你信得过的人分享，以便他们更好地理解和支持你。
- 让这本书成为专属于你的书。我们特意留出了很多页边空白，或写或画随你便。可以重点标出那些让你感同身受的部分，或日后打算重读的内容。

引 言

亲爱的读者：

　　也许你现在很难相信别人真的能理解你所经历的一切，更难以相信别人真的可以帮到你。信任是很困难的事，尤其是别人尚未获得你的信任，或是你万念俱灰、一筹莫展的时候。可是既然你拿起了这本书，就说明你相信总有人可以理解你，进而帮到你。

　　本书由四个部分组成。每个部分回答一个大问题。第一部分"我还好吗？"旨在为你提供最常见的心理疾病的准确信息。用尽可能简明易懂的语言呈现你所需要知道的一切，不卖关子也不添乱。

　　第二部分回答的问题是"如何跟别人谈论心理健康"。这个部分将帮你做好准备,告诉你如何跟你生命中重要的人进行艰难的对话。诸如此类的对话是获得帮助的通路,也可以缓解你在默默承受痛苦时的孤独和疏离感。

第三部分回答"如何寻求专业帮助"的问题。你将获悉不同种类的医疗干预以及合适人选。获悉不同种类的心理治疗——如何找到好的心理治疗师,如何从每次心理治疗中获得最大收益。在本章以及全书最后的"相关资源"部分,你还将了解当前美国药物治疗和住院治疗的信息,以及心理治疗App、短信服务、热线电话和热线服务的相关信息。[①]

最后一部分回答"如何更好地照顾自己"的问题。你将学会有关管理困难情绪和避免思维陷阱的一般做法,这一部分还针对一些具体问题,比如不想起床怎么办、如何应对惊恐发作等提出建议。

---

① 本书中收录了美国有关机构、网站的信息,对中国读者不一定适用,但读者可从中得到启示:有心理健康方面的问题,可以向国内的有关机构和网站求助,相关信息可参阅本书"推荐序"部分第9页的内容。——编者注

使用尊重人的语言

措辞很重要。语言很重要。本书力求简明易懂，明确宣示你之所以是你的独特性。没有太多心理学行话，也没有论文引用和临床术语。诸如此类的书已经很多，也跟我们的用意不同。本书的出发点很简单：为你提供有用的信息，告诉你如何开始关照自己的心理健康，同时让你有力量迈出疗愈之旅的头几步。

我们从始至终使用以人为本的语言，把作为整体的人置于疾病、障碍或任何诊断标签之上。比如，我们说一个人"受精神分裂症困扰"，而不说他是"精神分裂症患者"；我们说一个人有"物质使用障碍"，而不说他是"一个瘾君子"。以人为本的语言珍视所有人的尊严和独特性。更重要的是，让我们免于把一个人的无能为力或心理疾病等同于身份特征的认定。

旅程开始之时

打开这本书意味着你向疗愈迈出了一大步,你即将开始从疏离到连接,从失落无助到自信坚定的旅程。这也许是一段漫长艰辛的旅程。你需要经历痛苦的情绪波折,需要学习新技能。也许你时不时觉得挑战性过强,难以为继,可是,你一定可以的!记住:积极的变化往往发生于我们对自己的感受和所需的支持直言不讳的时候。

这趟旅程是值得的!你也是值得的!

第一部分

我还好吗?

心理疾病的症状

不妨以我们看待生理健康的方式来看待心理健康。我们的身体都有健康和生病、舒服和不那么舒服的时候，这实属正常不过。有些日子难免有点疲倦有点疼痛，不是那么舒服，但这并不一定意味着你生病了。只有当你发现异常症状——原本好好的，今天突然发烧失声——你才会觉得自己生病了。这些症状阻碍你身体机能的正常发挥。原本轻而易举的事情如今碍手碍脚，有时候甚至严重到无法上学。

心理健康与此类似。人的状态有好有坏，有高有低。差别在于，你现在不是要观察流鼻涕或闹肚子这样的身体症状，而是要观察你的想法、感受和行为。以下是一些可以帮助你判断是否出现心理疾病的症状：

- 你一向开开心心与人交好，最近却自我禁足不想出门。
- 你一向喜欢的东西不再吸引你。饭菜不香，最喜欢的音乐也让你生厌。
- 上课的时候昏昏欲睡。难以专注，对学习心不在焉。
- 亲朋好友聊天，你老是走神，听不进去。总觉得不好的事情要发生在自己身上。
- 你开始思考死亡，产生自残或自杀的念头。
- 不把鞋子摆整齐、不把衣服收拾好绝不出门。这些事情花费了你过多的时间和精力，导致你上学迟到。
- 你总是心烦意乱，忍不住对别人呼来喝去。
- 你开始听到一些别人听不到的话语和声音。

上述症状可能只有一个发生在你身上，也可能一个也没有。关键是注意你的想法、感受或行为的变化及那些给你的日常生活带来不适的变化。

一切都会好起来

在我们继续深入前,千万记得不论你面对哪一种心理疾病,总有机会让自己好起来。切记切记!求助很重要。与他人建立联系很重要。所以要善待而不是苛责自己。

要给自己贴标签吗?

所谓标签,就是对不同心理疾病的不同称呼。

这些标签是心理健康专家用来讨论某一特定心理疾病的诊断。比如"广泛性焦虑症"或"双相情感障碍",就是典型的诊断。但是对不同的心理健康状况有很多不同的诊断——有时候不能仅以"抑郁症"概而言之。有人喜欢用一个名称描述他们正在经历的心理疾病,这让他们觉得宽慰。也有人不喜欢,因为他们觉得诊断过于"医学",不足以描述他们究竟是什么样的人。这两种观点无所谓对错,你可以自行决定采用哪一种。

本书第一部分讨论几大常见心理疾病的症状,但是切记:

诊断不是你求助的前提。不愿意给病人下诊断的心理治疗师大有人在。即使是未经诊断的病人，甚或再严重的心理疾病，都可以从心理治疗中获益。不过对大多数人而言，有一个名称似乎更加便利。标签只是用来帮助你，而不是限制或禁锢你。准确的诊断让你更容易在线上找到有益的信息，接受合适的治疗，以及跟同样症状的人们建立联系。

如何了解自己得了什么病？

有时候通过线上阅读、跟症状相似的病患交流，大致就可以明白自己的状况。可是这么做也很容易被误导。再有名的医学网站，你也不敢用它来检查身体症状，然后得出自己患有某种罕见病的结论吧？心理健康状况也是如此。

心理健康筛查测试或许是可以尝试的第一步。本章结尾就有一个这样的测试，仅供参考。你可以拿你的测试结果跟家人朋友讨论，后续随时观测。

最终，如果你想要拿到一个正式诊断，就要约见心理科或精神科医生。他们会问你问题，运用他们的训练和经验决定你的症状是否足以做出某个具体诊断。不过别忘了，就算心理健康专家也非十全十美。如果你对诊断结果有异议，不妨再找一个医生询问意见。切记：诊断不能定义你——只是帮你对症下药的途径而已。

情绪障碍

抑郁症

悲伤是正常的人类体验,可是一直悲伤会让你陷入痛苦,生活也会出大问题。你会疏远家人朋友,难以正常上学,其他活动也可能把你压垮。当过多的悲伤影响到你的生活,你可能就抑郁了。

抑郁症属于心境障碍之一。心境障碍意味着情绪变化超过了日常生活的正常起落。抑郁症发作时至少持续两周时间,也有持续数月甚至数年之久的。

谈论抑郁症的难题之一在于,其症状因人而异。你会发现有的人长睡不醒,有的人彻夜难寐。不要被这些现象迷惑或困扰。这只不过说明人跟人不一样，心理健康问题可以由不同因素导致，从而表现方式也各异。

抑郁症的感觉是……

"恐怖的下沉感。"

很多人误以为抑郁是一种选择，或是个性的表达。做出健康的选择固然重要，可是还有很多其他因素决定着一个人会不会抑郁，比如遗传、精神创伤、药物或医疗条件等。所以很难确定抑郁症的确凿成因，因为有时候不只由一个因素触发。抑郁症还会感染别人。姑且不论生活环境，一旦你怀疑自己得了抑郁症，越早求助于人越好控制病情。也许你会觉得自己不配受助于人，或别人的状况比你更糟，但这是完全错误的想法。你完全应该得到帮助，让自己慢慢好起来。

如何分辨悲伤还是抑郁？

抑郁固然有关悲伤，但不止于此，还包括很多其他症状，比如一直觉得精力不济，对平素喜欢的事情毫无兴致，甚或想到死亡和自杀等。这样的症状持续至少两周，才可能诊断为抑郁症。抑郁症的由头可以是某件伤心事或破坏性事件，也可能毫无来由。

换言之，悲伤甚或极度悲伤，都可能是因为某件伤心事而产生的正常反应，比如与所爱的人分离，或失去亲人等。

也就是说，一般的悲伤可能会恶化成抑郁症。如果悲伤的情绪没有随时间好转，甚至渗入你的日常生活，没准你就会抑郁。

生理变化也会影响情绪，让你看上去像是抑郁的样子。比如由于青春期、某些医疗干预或疾病导致的激素变化，都会改变情绪。有人甚至借助酒精，想要治疗自己的抑郁症或其他心理疾病。这可绝对要不得。一旦发现自己出现这些状况，务必告知医生。

　　以下是最常见的抑郁症症状。但并非说你要具备所有症状才是抑郁症，具体到每个人的体验都有所不同。

- **每天大部分时间情绪低落、内心空虚、烦躁易怒。**
- **对平素喜欢的事儿毫无兴致。**
- **胃口或体重变化。两个方向皆有可能：暴食暴饮暴胖，或不吃不喝暴瘦。**
- **睡眠变化——无法入睡或长睡不醒。**
- **活动变化——烦躁不安或萎靡不振。**
- **感觉精力不济，怎么睡都不够。**
- **说话或动作迟缓、坐立不安或来回踱步。**
- **深感内疚或感觉自己一无是处。**

* 难以思考、专注或决定。
* 考虑死亡的问题,或有自杀意念。

有自杀的念头怎么办?

在人生不同阶段产生死亡的念头实属正常,抑郁的人更是经常如此。有时候抑郁症患者还会想到自杀,但并非总是如此。很多抑郁的人要么万念俱灰,要么觉得世界没有他们会更好。一旦你有自杀的念头或计划,立刻放下这本书,寻求专业帮助。如果你想了解更多关于自杀意念以及如何应对的知识,详见本书第四部分。

躁郁症

躁郁症的学名是双相情感障碍，患者会体验到两种极端的状态：不是躁狂（活力十足，情绪极度亢奋），就是抑郁（失去活力，情绪极度低落）。发作期长短不一，通常持续数周到数月之久。两个极端之间，则是感觉"正常"的时期。

虽然每个人的活力或情绪都有高低起伏，但躁郁症的摆动幅度却是难以忍受的两个极端。即便如此，有时候仍然难以分辨躁郁症和一般的情绪变化。情绪波动属于人之常情，可是一旦持续存在，进而干扰人际关系，或影响上学等日常生活，那可能就是躁郁症了。

关于躁狂期和抑郁期，我们不妨多谈一点。

躁郁症的感觉是……

"情绪在荡秋千。"

躁狂

躁狂发作时，你可能会有如下体验：

- **精力过剩。**
- **一往无前。**
- **思维如野马般奔驰。**
- **夜不能寐。**
- **行为冲动，比如大手大脚花钱。**
- **出现精神病性的症状，比如偏执妄想、听到或看到别人听不到或看不到的东西。**
- **妄自尊大的夸张意识，满脑子全是成就、权力、高高在上或理想爱情的幻想。**

如上所述，你会发现有的症状有点可笑，有的则很吓人。很多人在躁狂期的时候自我感觉相当良好——可是经常做出错误的决定，后来悔之莫及。若是特别严重的躁狂期，有的还会因为自杀行为或其他危险的极端症状而住院。

还有一种轻躁狂，顾名思义比躁狂轻一点。症状类似，只是相对温和，对日常生活的影响也相对不严重。

关于躁狂的症状，最后强调一次：必须是偏离正常状况太远的表现。如果你一直都是语速很快、做决定不过脑子、睡眠不好，就不是躁狂期的症状。

抑郁

抑郁发作时，你可能会有如下体验：

* **感觉悲伤。**
* **觉得自己一无是处、麻木或空虚。**
* **萎靡不振。**
* **睡眠和饮食习惯发生变化。**
* **思考死亡，或有自杀意念。**

躁郁症的其他特征

　　类似其他心理疾病，躁郁症并非单一原因导致。相反，众多风险因素——比如遗传、环境、童年创伤、压力事件、不良习惯、吸毒酗酒和大脑化学失衡——都脱不了干系。一个人会不会罹患躁郁症，通常是这些风险因素的交互作用。例如，某个家庭气氛压抑，有人酗酒吸毒，就更有可能躁郁。

　　躁郁症发作时，躁狂期或抑郁期通常持续数周或数月。如果一年内经历四次或以上，就被称作"快速循环"。躁狂或抑郁也有可能同时发作，亦即"混合发作"。

　　确诊为躁郁症固然可怕，但并非不可治疗、不能康复。通过心理治疗、生活方式的改变、精神支持和（或）药物治疗，你完全可以再度拥有一个圆满、有意义的人生。患有躁郁症，但功成名就，为世界做出巨大贡献的人不在少数。

焦虑障碍

焦虑是你为某件事而担心的感觉。焦虑既是生理也是心理反应。你觉得身体紧张,所有心思都集中于你担心的某件事情上,无暇他顾。焦虑还会影响饮食和睡眠。

时不时焦虑一下实属正常不过。一点点焦虑甚至可能有所助益。比如,焦虑于即将到来的考试或任务,可能会激励你努力学习、专心工作,从而成竹在胸。可是一旦失去控制,焦虑到无法专注的程度,反而有害。如果发展到灾难化想象,为你无法控制的事担惊受怕,就会影响你的生活质量。

焦虑症的感觉是……

- 我被困在这儿了!
- 为什么我总是无法逃脱?
- 我非走出去不可!!!

这里是 **焦虑王国**

如何分辨焦虑和压力？

傻傻分不清的人不在少数。首先记住，焦虑症是常见的、可控的。

焦虑症的常见症状

每个人对焦虑的体验千差万别，但通常都会给生活造成严重困扰。注意力不集中的表现最常见，会影响学习。很多人甚至为了避免焦虑而采取极端措施，比如不跟人接触、不在公共场合露面、调整日常生活习惯以回避焦虑来源等。

焦虑症的常见症状如下：

* **烦躁不安。**
* **注意力不集中。**

- 肌肉酸痛紧张。
- 难以入睡或睡不踏实。
- 睡了一整晚仍觉得精疲力竭。
- 想方设法避开让你焦虑的环境或场合。
- 挥之不去的灾难化想象。
- 惊恐发作。

不同类型的焦虑症

广泛性焦虑症

这是最常见的焦虑症,可能也是我们听到别人提及"焦虑症"时的第一反应。患者经常没有来由地发愁、发慌,其程度与他们的真实境遇明显不相称。这种过度焦虑至少持续半年,尤其体现在某些特定的场合或事宜上(比如考试或面试等)。

广泛性焦虑症的感觉是……

"过山车正要俯冲下去,却突然停住了——这种感觉时时都在。"

社交焦虑症

另一种常见的焦虑症，以对社交场合的极度恐惧或焦虑为特征。这比我们日常所说的害羞或内向更甚。患有社交焦虑症的人，会极度恐惧社交场合，担心说错话做错事，然后被人无情地品头论足。所以一想到要参加某个派对，或只是跟一个素昧平生的人一对一交流，都会让人心跳加速、冷汗直流、心慌意乱。

社交焦虑的人往往自我封闭，非常孤单，于是更难康复。虽然我们都难免担心在社交场合不被接受或难堪尴尬，可是伴随社交焦虑症而来的极度焦虑和恐慌可谓排山倒海，足以影响正常生活，甚至让我们回避一切可能触发焦虑的场合。

恐惧症

对某一特定事物或情境的极度恐惧或焦虑，就是恐惧症。有人怕蛇怕蜘蛛怕小丑，这实属正常不过，恐惧症的问题在

社交焦虑症的感觉是……

"所有人都在盯着我，等着看我出丑。"

于恐惧程度跟真实境遇不相称，严重到你千方百计想避开的地步。常见的恐惧症包括恐高、对空旷或拥挤空间的恐惧、对血或针头的恐惧等。

惊恐障碍

惊恐障碍的患者，会经历令人不适、极度恐惧的惊恐发作期。其症状因人而异，通常表现为呼吸困难、好像要失去知觉甚至暴毙、与周围环境游离脱节，经常被误作心脏病发作。惊恐障碍如此可怕，体验过的人再也不想经历一次，这种对恐慌的恐慌，最是恐怖。

切记，惊恐发作通常持续不超过十分钟，不会危及生命，是可以治疗的。一旦惊恐发作，你的身体就会进入"战斗或逃跑"模式，对不存在或无须如此极端反应的威胁进行回应。惊恐发作通常突如其来，甚至在你最舒服自在的时候。一旦发作，有几个技巧可以学习运用，比如练习积极的自我对话（参阅第138页）和深呼吸。

惊恐障碍的感觉是……

"一头大象坐在身上。"

强迫症

强迫症表现为一个人被反复出现的、自己也不想要的行为或思维困扰,比如一直忍不住反复洗手或检查门锁。不过,如果你恰好喜欢整洁和收纳,并不意味着你就是"强迫症"(真有强迫症的人不喜欢别人这么称呼他们)。强迫症的特征就是执念和冲动。这是非常严重的侵入性想法和行为,足以影响日常生活。

强迫症的感觉是……

"每天跟自己的大脑作战。"

注意力障碍

多动症

多动症是青少年最常见的心理疾病之一，可以分为注意力不足、多动（或冲动）、混合型三类。通常可以在中小学时期先被察觉，但也可在大学里和成年时确诊。多动症的确诊至少要有两个情境——家庭和学校——的症状表现，而且必须持续最少半年。如下症状必须至少满足六个，才可以确诊为多动症。

注意力不足

症状包括：

* 难以遵从指令。

* 难以专注于某项任务。
* 在学校和家里丢三落四。
* 健忘。
* 对日程或功课心不在焉。
* 容易分心，不能专注聆听。
* 忽视细节，杂乱无章，粗心大意。
* 总是不能完成功课或任务。

多动

症状包括：

* 总是瞎忙活。
* 坐立不安。
* 说个不停。
* 喜欢打岔。
* 行为冒险。
* 在必须安静坐着时，感觉浑身难受。

拥有上述某些症状的青少年不在少数，但不足以确诊。仅仅是精力旺盛或是在学校里注意力不集中，并不意味着就是多动症。只有满足一系列症状，而且你的表现与你的年龄和智识明显不相称的时候，方有确诊的可能。

多动症的感觉是……

"脑袋里贴满花花绿绿的便利贴。"

创伤
和创伤后应激障碍

我们总觉得历经生死的老兵才会患有创伤和创伤后应激障碍（PTSD），其实任何人都有可能。如果你的见闻或经历足够令你震惊、恐怖，甚或危及生命，你就有可能要与精神创伤打交道。压力越大，创伤越严重。

创伤因人而异。可以是一次性或不间断的，比如被歧视，或童年时被父母疏忽。有些对别人正常不过的事，对你可能就是创伤。创伤体验可能来自人身安全受到威胁，比如车祸或袭击，也可能来自情感或社交情境，比如网络霸凌。与学校相关的创伤（比如校园霸凌或不公正惩罚）经常导致拒学症，一想到上学就焦虑恐惧。

如何应对创伤

多数人在创伤期间或之后都会焦虑恐惧。有的甚至会变成影响日常生活的长期症状。人在任何年纪都会受到创伤，但是大脑正在快速发育的儿童或青春期所受的创伤持续最久。

对创伤的反应因人而异，所以未必人人相同。创伤之后的想法、感受或应对也没有"对""错"之分。不过大体说来，你可能会经历如下症状：

常见的心理症状：

- **恐惧、焦虑。**
- **震惊、怀疑。**
- **混乱、分心。**
- **愤怒、烦躁。**
- **内疚、羞愧。**
- **落落寡合。**

- 悲伤、无助。
- 疏离、麻木。
- 觉得一切失控。

常见的生理症状：

- 过度惊跳反应。
- 难以入睡，做噩梦。
- 精疲力竭。
- 昏眩，发抖。
- 心跳过速，呼吸急促。
- 紧张不安。
- 身体疼痛，肌肉紧张。
- 时常头痛或胃痛。
- 越发严重的物质滥用或其他危险行为。

创伤后应激障碍的感觉是……

"在钢丝上发抖,时刻准备战斗或逃跑,但永远走不到头。"

创伤会持续多久？

从数天到数月不等。你可能会一度觉得不像正常的自己。很多案例显示,症状会随着时间和你对所发生事情的处理而慢慢消退。哪怕自觉有所好转,痛苦的记忆或情绪仍会时不时再现,这很正常——尤其是在周年纪念日或处于其他让你想起创伤事件的情境中时。这些情境犹如扳机,我们称之为"触发因素"。

我会好起来吗？

要有耐心!创伤固然不好对付,但并不意味着不可救药。有很多种应对创伤、提高生活质量的方法。很多人经由支持系统、心理治疗、调整生活方式和(或)药物治疗而实现了劫后重生。

还有些受过重创的人士没有发病。创伤期间以及其后他们受到的支持至关重要。如果缺少支持，创伤又极其剧烈——或者虽然不是很剧烈但持续很久——症状就可能很严重，引发情感剧痛，难以应对。这种情况，就是所谓的创伤后应激障碍。

创伤后应激障碍的具体症状表现如下：

* **不停地想到创伤。** 哪怕你不想的时候，创伤也会主动找上门，伴随噩梦或闪回。
* **时不时警惕戒备。** 容易受惊或发怒，烦躁或焦虑，担心出事。对周遭环境超级警觉，危险在你眼里无处不在。
* **避免提及创伤。** 甚至到了闭口不谈，不想跟某些人打交道，不想涉足某些地方的地步，因为会触发你的记忆。你甚至想忘记细节或抹去记忆。
* **强烈的负面情绪和观念。** 忧郁、焦虑、愧疚或愤怒。甚至为此谴责自己，不再信任别人，觉得世界危险而残酷。

其他症状包括：

- 感觉精神麻木。
- 难以专注或入睡。
- 平时喜欢的东西如今毫无兴致。
- 人际关系出现问题：很难与人亲密，或是觉得被朋友、家人疏远。
- 生理症状：慢性疼痛、头痛、胃痛、腹泻或便秘，胸腔紧绷或灼烧，肌肉痉挛或腰部疼痛。
- 惊恐发作：突如其来的剧烈恐惧（可能与创伤毫无关系）。
- 呼吸急促、昏眩、出汗、恶心和心跳加速。
- 物质成瘾：用酗酒等方式来应对或试图忘记痛苦情绪。
- 其他心理问题，比如焦虑、抑郁或自杀意念。

进食障碍

进食障碍的感觉是……

"站在满是哈哈镜的大厅里,分不清哪个是真实的我。"

作为心理疾病的进食障碍，包括与食物、锻炼和（或）体形相关的不健康行为、执念和冲动。所有人——不分年龄、种族、背景、社会经济地位、宗教、性别——都会中招。它可谓最致命的心理疾病，会导致一系列严重后果，包括骨损伤、脱发、肌肉流失、胃破裂和糖尿病等。

多数人以为进食障碍只是对苗条体形的执念，其实不仅如此，而是众多生理、心理和社会因素交错导致。患有进食障碍的人往往伴有其他心理疾病，包括抑郁症、焦虑症、创伤后应激障碍和物质成瘾。创伤，尤其是与性有关的创伤，在患有进食障碍的人里相当普遍。

可是一般人很难区分健康和不健康的饮食习惯，这可能跟过度节食的文化风气有关。很多进食有障碍的人拒绝求助，因为他们自以为"还没病到那个程度"。可是早期干预治疗很重要，所以切记：不存在什么明确的体重或严重程度标准，也并不是达到或超过这一标准你才需要帮助和支持。

进食障碍固然棘手，但并非不可康复。越早求助效果越好，不论是生理还是心理方面。在诸如心理治疗师、营养专家、精神病专家、同事、支持团体和（或）初级保健医生的帮助和支持下，我们完全可以维持健康的饮食和锻炼习惯。

典型的进食障碍包括：

✹ **厌食症**

表现为限制食物摄入、过度减肥、对体重增加过度恐惧和对个人仪表有扭曲认识。厌食症患者往往对饮食有极其明确的规矩和习惯，并且不喜欢社交。

✹ **暴食症**

短时间内反复大量吃喝。跟一般的暴饮暴食的区别在于，暴食症会让人感觉失控，引发剧烈的痛楚和羞耻。

✹ **暴食净化症**

表现为反复发作的暴食和净化行为。净化是指通过呕吐、服用泻药等药物把食物排出体外，或通过禁食、过度锻炼的手段来控制体重。

✹ **避食 / 限食障碍（ARFID）**

限制食物摄入的种类和（或）数量。与上述厌食症的区别在于，并非由于苦恼于体形或体重而导致。

* **其他指定进食障碍（OSFED）**

不符合上述类型的进食障碍可以统称为其他指定进食障碍。比如，某人限制食物摄入，非常担心发胖，同时对个人仪表认识不当，可是其体重并未减到足以被医生认定为体重过低的程度，因此不能满足厌食症的所有标准。

进食障碍为何如此难以康复？

进食障碍通常发展缓慢，难以觉察，直至最后总爆发，让你在生理、心理、精神上备受折磨。你身边的人也不易发觉。它甚至会传达迷惑信息，让人夸你饮食更健康、身材更苗条。

另一个难以康复的原因是，你身边的人往往不以为意，尤其是你看起来完全不像进食障碍"该有的样子"。有时候甚至连你自己也不予理会，从而使得求助或治疗无从开展。切记：是否应该受到帮助和支持，跟你看起来健康与否完全没有关系。

最后，并非所有心理健康专家都会理解你的处境。

所以找到一个对的团队很重要，诸如精神科医生、心理学家、营养学家、亲朋好友后援团，助你心无旁骛地治疗康复。

精神错乱

精神错乱的感觉是……

"刚换了一个大脑，可是没人告诉我。"

精神错乱只是症状描述，而非任何特定的心理疾病。很多人误以为它是精神分裂症的症状，可是在躁郁症的躁狂期或其他情境也会出现精神错乱。甚至有抑郁性精神病的说法。某些药物或毒品会触发精神错乱，极端压力或长时间不睡觉也会引发精神错乱。

精神错乱指的是一个人跟现实失去接触，分不清真实和虚幻。其症状或轻或重，表现方式各有不同：

思维上：

- **老是觉得被人监视或被人识破。**
- **挥之不去的妄想或异乎寻常的恐惧。**
- **觉得一切皆不真实或不对劲。**
- **容易分心和健忘。**
- **对于重要的事情感觉事不关己或麻木不仁。**
- **毫无来由的极端恐惧。**

感官上：

- 听到别人听不到的声音或话语。
- 看到鬼影或波浪线。
- 嗅觉突然退化。
- 视觉、听觉或触觉特别敏感。

行为上：

- 不讲究个人卫生。
- 胡言乱语，乱写乱画。
- 疏远亲朋好友。
- 对爱人、亲人愤怒或恐惧。
- 睡眠变化，甚至昼夜颠倒。
- 食欲变化。
- 突然无法上学或上班。
- 出现压根不像是自己的行为变化。

精神错乱往往随着时间而恶化，所以尽早治疗很重要。可是因为这种状况发作时挺吓人，兼之身边的人不明白是怎么回事，可能对此束手无策。好消息是，精神错乱可以康复。不论只发作过一次还是被纠缠一辈子，你都可以拥有圆满而有意义的人生，对社会有所贡献。关键是越早求助越好。

切记留心如下症状：

* **产生或计划伤害/杀害自己或别人的念头。**
* **听到或看到别人听不到、看不到的东西。**
* **思维、说话或写作风格突变，且无法解释。**
* **过度多疑或恐惧。**
* **成绩一落千丈。**
* **异乎寻常的个性突变。**

心理健康
评估表

　　心理筛查是判断你是否出现心理疾病症状的快速简易方法之一。下面这个经过科学验证的问卷，可以帮助你判断是否出现情绪、注意力或行为上的障碍。

　　虽然并非最终诊断，但它可以作为指示，开启你跟心理治疗师或其他医护的对话。很多医生也采用类似评估。

　　根据你的真实情况，在每个选项后面打钩：

	从不	有时	经常
1. 抱怨身体疼痛			
2. 越来越喜欢独处			
3. 容易疲倦，精力不足			
4. 坐立不安			
5. 跟老师闹矛盾			
6. 越来越不喜欢上学			
7. 做事好像被外力推着走			
8. 做太多白日梦			
9. 容易走神分心			
10. 害怕新环境			
11. 悲伤，不开心			
12. 易怒，动不动发脾气			

	从不	有时	经常
13. 感到绝望			
14. 难以专注			
15. 觉得朋友可有可无			
16. 跟别的孩子打架			
17. 上课心不在焉			
18. 学习成绩下滑			
19. 自暴自弃			
20. 看过医生，没发现啥毛病			
21. 难以入睡			
22. 杞人忧天			
23. 比以前更加依赖父母			
24. 觉得自己很糟糕			

	从不	有时	经常
25. 冒一些不必要的风险			
26. 经常受伤			
27. 觉得人生了无生趣			
28. 行事比同龄人更显幼稚			
29. 不服从规则			
30. 感情不外露			
31. 不理解别人的感受			
32. 取笑别人			
33. 推卸责任			
34. 拿走不属于你的东西			
35. 不愿跟别人分享			

得分说明：

* "从不"=0，"有时"=1，"经常"=2。
* 35个选项的分数加起来就是总分。
* 对6~16岁的儿童青少年，总分达到或超过28分表示存在心理障碍。不打分的选项视为0分，但如果有4个或以上选项不打分，该问卷将被视作无效。
* 达到或超过28分，表明必须通过专业的心理健康工作者进一步评估。

第二部分

谈论心理健康

我会陪着你哪儿也不去

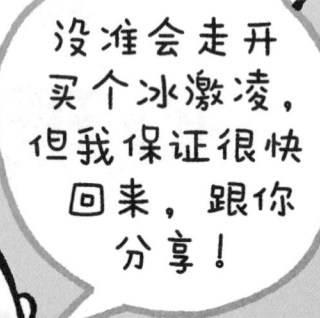

没准会走开买个冰激凌,但我保证很快回来,跟你分享!

假设你一直觉得抑郁或焦虑，睡不好觉，上课难以专注，功课敷衍了事，这种状况已经持续了几个星期，外人也开始有所觉察。你想过跟别人诉说，可是又不敢。要是你敞开心扉，却被别人当作怪物，怎么办？要是他们不但不理解，甚至说一些难听或批评你的话，怎么办？

同一个情境，试想你请求一个你信得过的人给你一个小时，听你从头说到尾，中间绝不打断你。这个人可以是父母、兄弟姐妹、好朋友，也可以是其他人，只要他们善于倾听，可以让你安心即可。仔细听完你的困境，问了几个问题，这个人说：

> 很高兴你信任我。谢谢你跟我说这些。

> 我想帮你。怎么才能帮到你呢？

> 你一个人承受了这么多痛苦，一定很不容易。可是你现在不用独自承受了。

听到这些话，你觉得宽慰了不少，对不对？可见由于恐惧和羞耻，我们身边很多人经常选择独自默默承受。可是如果你知道身边的朋友或多或少都有过——或正有着——这样的经历，受困于抑郁症、焦虑症、注意力障碍、进食障碍、创伤或其他心理疾病，就不会那么吃惊了。就算他们不是亲身经历，家庭或朋友圈里也有人为此而痛苦。虽然不是所有人都能感同身受，但还是有不少人愿意理解你。

不论选择何种方式，切记不要讳疾忌医，一定要对外求助。不论是对你早已认识的朋友，还是专业人士，比如心理治疗师、支持团体、短信或热线服务，你都可以敞开心扉、让外界知道你的感受，这是至关重要的第一步。

如果你担心不知道怎么说，这本书可以帮你做好准备。以恰如其分的语言描述你的困境非常重要。

记住，不必跟所有人诉说，但一定要找个人聊聊，千万不要独自承受。

如果你担心别人的反应，不妨以此自慰：恶语相向通常是因为对方缺乏足够信息或跟你一样害怕。消极的媒体形象和对心理问题的污名化更是雪上加霜。解毒剂之一就是学习如何谈论心理健康。

人类会天然地回避艰难的对话，可是投身进去——哪怕再难——便可以通往更深入的理解、更高的自尊和更少的痛苦。

准备和别人聊聊心理问题

心理疾病就像……

嗡嗡嗡

"一头不肯放过我的邪恶怪兽。"

既然你已拿起这本书，表明你已经知道倾诉求助的重要性。可是疑虑无处不在，实属正常不过。如果你已经考虑过但仍然顾虑重重，下面是一些可以说服你求助的理由：

* 你的想法或行为似乎已跟外界脱节。
* 你的想法、感受或行为开始影响你的家庭、学校生活，或是人际关系。
* 你拥有如下症状超过一周：

    悲伤、空虚或无助。

    过度焦虑。

    易怒不安。

    做不了功课。

    没有胃口或暴饮暴食。

    难以专注、记忆或思考。

    对你平素喜欢的东西不感兴趣。

    跟别人疏远。

    觉得自己很糟糕或一无是处。

    睡眠或精力突变。

想过自残或自杀。

听觉、视觉、嗅觉或触觉过于敏感。

感觉大脑在捉弄你。

我该跟谁聊聊？

先想一想跟谁聊会让你觉得舒服。你信得过的人。听你倾诉帮你谋划打算的人。聊完后不会到处嚼舌头说闲话的人。想一想这个人可以帮到你什么或许更有针对性。你需要一个出主意的人，还是只要陪着你、听你倾诉的人？或者，你需要一个可以在他面前放声大哭的人。这个人可以是家庭成员（父母、祖父母、外祖父母、姑妈姨妈、姑父姨父、兄弟姐妹），学校里的人（辅导员、护工），也可以是社区工作人员（教练、邻居）。

这个人越和善，越善于倾听，就越接近理想人选。没准你会惊讶地发现很多人愿意倾听，试图理解。总有一些人就是无法理解，但你也不是非得让他们理解——只要尽量找到合适的支持系统：愿意坦诚地听你倾诉，缓解你的孤单和疏离感的人。

如果你暂时想不到这样的人，不妨试试陌生人：有很多短信或热线服务，这些线上支持团体由受训的志愿者或雇员运营，他们的工作就是倾听。跟陌生人对话没准可以让你更觉安心，更敞开心扉，而且他们或许能提供比你的亲朋好友更加客观的反馈。

以下是一些可能的聊天对象清单。只要你愿意谈，马上开始，不要犹豫，找到一个让你舒服的聊天对象。后续你可以再跟更多人敞开心扉。

- 父母或监护人。
- 朋友。
- 兄弟姐妹。
- 老师。
- 医生或心理治疗师。
- 教练或俱乐部主管。
- 叔伯舅姨姑。
- 学校护理、社工或学校心理咨询师。

- 学校辅导员。
- 邻居。
- 表亲或堂亲。
- 爷爷奶奶、外公外婆。
- 青年团体带领人。
- 朋友的父母。
- 支持团体。
- 匿名求助热线。

谈话时可能碰到的问题

一旦决定跟人聊而且确定了人选后，怎么办？你可能会感到紧张。没准那个人理解不了你的问题，或束手无策。没准你会情绪激动，说不出来。没关系，用不着十全十美。如果真的担心，可以尝试写下你的想法。这有助于你理清思路，知道如何表达自己。

你甚至可以给那个人写一封信或发消息，或是一系列长短信。如果你不明白怎么写、写什么，可以参阅本章结尾的范例，只要把空填上即可。

如下是第一次谈话可能碰到的问题：

打断

这是不可避免的事实：不是有人打扰，就是电话铃响或提醒。每个人的注意力持续时间都有限。不过你可以提前做些准备，使得谈话尽量不被打断。

首先，确定你们双方的时间是否都合适，不会因为要接电话或处理别的事宜而缩短对话时间。最好提前预留至少三十分钟到一个小时的时间。其次，把你的手机静音、收起来或至少屏幕朝下，为对方树立一个好榜样。最后，你可以开门见山地说："谢谢你关注我，愿意跟我聊聊。真的很感激。"这样可以营造良好的谈话氛围。

尴尬

严肃地谈论你的心理问题，起初总会有点尴尬。对很多人而言，光是让他们谈论身体或生理问题就头大，更别说谈论心理或人际关系了。先做好不舒服或遭遇沉默的预期。没关系，接受它——甚至提及它——然后克服它。

解脱

聊到某个时候，你可能会有如释重负的感觉。如果某些东西在你心里压抑太久，跟别人分享一下会让你感觉松快了许多。

没准对方或亲朋好友也有过类似经历。这种情况经常出现，于是你更加如释重负，而不是孤立无援。

发问

你应该料到对方会发问。比如：这种情况持续多久了？在这之前，发生了什么变故或困厄吗？可以描述你的感受吗？如果不愿意，你可以不用回答，只要记得对方只是想更好地了解你。如果你觉得对方搞错了方向，想一个你希望他们会问的问题，然后回答即可。

不被理解

即便你很费劲才确定最合适的谈话人选，那个人也未必会报以理解和善意。为这个可能性做好准备吧，这种情况并非不可能。你鼓足勇气分享，对方的回应却让你感到沮丧或一无是处，比如"只是暂时的而已""你会撑过去的""别傻了""你这是杞人忧天"。这通常跟对方的预期、舒适区或文化背景有关，而不代表他们对你的感受。不过这还是让你难受。尽量告诉他们，现在发生的一切已影响到你过上健康快乐生活的能力。跟他们直言你的日子很难过，而且压根不知道如何改善。如果那个人还是不理解，记得还有别人可以求助。如果你的生活圈里找不到这样的人，可以向专业人士求助。总有人可以帮到你，不会对你的困境和挣扎视而不见。

跟父母
或看护人聊聊

　　出于种种原因，跟父母或看护人谈论心理健康问题让人提心吊胆。很多青少年因为不想让他们苦恼而不敢说，担心后者可能不理解、不以为然，或头大、生气。此时不妨换个角度思考：如果你关爱的人正为此受苦，跑来跟你求助，你会作何感想？你可能会为他们的痛苦挣扎而沮丧，但你不会生他们的气。相反，你会开心于他们跟你吐露实情，并竭尽所能帮助他们。无论如何，这是非进行不可的重要对话。如下是一些最常见的不愿意跟父母或看护人倾诉的隐忧，以及如何克服的诀窍。

我不知道他们会作何反应

如果你担心这个，一个选项是跟父母两人或其中一人约一个时间面谈。挑一个他们不忙的时间，而不是突如其来、让人措手不及的对话。这会让他们有余地思考、预期和准备。挑一个让你舒服的时间和地点，事先想好对话的内容，甚至可以拟一个草稿。如果还是觉得面谈很吓人，那就写一封信。写信的好处是可以从容不迫地倾诉，不用担心对方即刻回应的压力，而且不会被打断。本章结尾有一些信件样本，仅供参考。切记，不管多么令人望而生畏，或你与家人从未聊过这个话题，只要对你有益无害的事情，你都要去做。坦承你遭遇的困境，明言你需要的支持。集中于你希望父母或看护人可以采取的行动，或他们所能做出的改变。

我害怕他们难过或失望

不让他们伤心难过失望才是不合情理的。他们可能因你受苦而难过，但这并不意味着他们因你而生气。很多看护人之所以生气，其实是因为在乎你。甚至心有愧疚，想干点什么让你不再受苦。

也可能是你觉得他们对你期望过高，所以你的心理疾病会让他们失望。此时弄明白是否果真如此很重要。没准不是那么回事。就算是，这些期望是否合理，是否可以维持？这些都是需要他们重新考虑的问题，但不必要求他们即刻回答，而是给所有家庭成员足够的时间去反思调整。

> 他们会对我勃然大怒
> 或不以为意

此类担忧着实痛苦，尤其是你已经心力交瘁的时候。此时约个时间面谈或写一封信，特别提及你担心他们生气或被忽视，可能有所助益。告诉他们你在苦苦挣扎，特别需要支持。如果他们还是不以为然，告诉他们你会照顾好自己，而且希望至少可以跟专业人士谈一谈。他们的不以为然可能是出于恐惧、愧疚或他们对心理疾病的耻辱感。你还可以向他们出示心理健康评估（第54页）的结果。

如果你的看护人不愿意或无能力帮忙，你可以转向其他可信赖的成人求助，比如你喜欢的老师、教练、其他家人，甚或朋友的父母。哪怕真的孤立无援，还是有办法找人倾诉，对此我们将在第三部分详述。关键在于：不要停止求助。

他们会问个不停

有些看护人想知道你的所有体验和细节。你可以尽可能地多分享，也可以少分享，反正你怎么舒服就怎么来。也许你还没有把握如何描述自己的感受，也许担心会因为某些行为惹麻烦，也许你是第一次跟他们敞开心扉，因而想保留一些隐私。总之，事先考虑好在你舒服的限度内分享到什么程度，可能对你更有助益。你可以坦诚地告诉他们，有些更深入的话题你想留待跟心理健康专家探讨。瞒着不说固然不可取，可是首次敞开要给自己留一个安全空间，这也至关重要。

父母或看护人已经够头疼了

成年人都不乏责任和压力，可是你的健康也很重要，完全值得他们关注——不论他们是否还有别的烦心事。如果你担心他们压力太大,那就挑一个他们情绪和缓的日子。实在找不到合适的日子,那就开门见山,把你的痛苦直言相告。别忘了,照顾你也是他们的责任之一。

就是他们害得我苦苦挣扎

这种情况有几个选项。如果你相信其中一个看护人,告诉他(她)你的感受,并问对方是否会跟另一个看护人说。碰到这种事,他们通常不会跟伴侣隐瞒,但你还是可以问。如果你觉得他们两个都有问题——或你只有一个看护人——那就跟你信得过的其他成人求助,或是求助于专业的心理健康服务。如果你正遭受他们的身体虐待、性虐待,被他们疏忽,或产生了自杀念头,那就另当别论。碰到这些情况,赶紧跟你信得过的成人说。

他们不会相信我的

不论看护人如何爱你、尊重你,他们仍有可能觉得你的病情只是"阶段性的"而已,或不考虑寻求专业帮助。当然,因为不快而疏忽并不意味着他们可以放手不管,你还是要跟他们说明白你的需求。你可以解释说,"即便你们这么认为,我还是希望有机会跟心理专家面谈"。如果他们还不答应,你就要找其他成人求助,比如老师、亲戚、社工、学校的辅导员或心理咨询师。他们都可以帮你说服看护人或联系其他资源。即便你的看护人对你的挣扎和努力不以为然,并不说明这些挣扎和努力不真实或不重要。如果你需要专业救助,不妨列出一连串理由来说明原因。你还可以向朋友、在线社区,以及其他心理健康资源 App 或在线教育网站求助。

自助练习：

谈话前的准备

当你必须跟别人进行一场艰难的对话时，事先筹划很重要，以免届时措手不及或言不达意。以下提纲有助于你提前准备。

1. 你想跟谁分享？

_____
_____
_____
_____
_____

2. 你想分享什么内容？（如果一张纸不够用，可以再加一张纸，因为你必须把你可能想分享的各个事项都写下来。一旦对话开始，这就是你的草稿。）

_____
_____
_____
_____
_____
_____
_____

3. 分享之后你预期得到的最佳反馈是什么？

_____
_____
_____
_____
_____
_____

4. 可能的最坏反馈是什么？对方可能说些什么或做出什么反应，让你处境更加艰难？

_____
_____
_____
_____
_____

5. 你对这个人有什么需求，他可以做什么来让你好受一点？尽可能清晰明确地写下来。（比如：我需要你仔细倾听，不要打断我；我需要你每个星期给我打一个电话查问；我需要你帮我跟我的看护人沟通。）

_____
_____
_____
_____
_____
_____

6. 如果对方的反馈不尽如人意，你打算怎么做？（比如：再找一个朋友分享，写日记，出门走走。）

_____
_____
_____
_____
_____
_____
_____

备好问题2到问题5的草稿，你就可以跟人聊聊了。切记说出你的需求，如果对方的反馈不理想，那就索性离场别谈，之后依照问题6的计划行事。

自助练习：

有助于谈话的书信范例

使用如下范例填空。可以选用我们提供的选项或用你自己的语言表达。

亲爱的 _____ ：

过去 _____ （天 / 周 / 月 / 年），我一直觉得（好像变了个人 / 悲伤 / 愤怒 / 焦虑 / 喜怒无常 / 易怒 / 孤单 / 无助 / 恐惧 / 不知所措 / 心烦意乱 / 惶恐 / 压力很大 / 空虚 / 烦

躁 / 不能自理 / 不能起床）。

　　同时，我一直被 _____（食欲变化 / 体重变化 / 对过去喜欢的东西毫无兴趣 / 听到别人听不到的东西 / 看到别人看不到的东西 / 对现实真实与否失去判断 / 大脑在捉弄我自己 / 萎靡不振 / 精力旺盛 / 无法专注 / 服用或滥用酒精或毒品 / 自我伤害 / 不吃饭 / 暴食 / 对体重或体形过度关注 / 觉得自己一无是处 / 思想不受控制 / 心怀愧疚 / 妄想 / 噩梦 / 霸凌别人 / 无法入睡 / 怎么睡都不够 / 危险的性行为 / 巨大的悲伤 / 被朋友背弃 / 不健康的友谊 / 莫名其妙的愤怒或狂怒 / 孤立无援 / 精神出窍 / 无法控制自己 / 想到自我伤害 / 割伤自己 / 想到自杀 / 计划自杀 / 虐待 / 性侵犯 / 亲人去世）的问题所困扰。

　　跟你倾诉让我觉得 _____（紧张 / 焦虑 / 有希望 / 尴尬 / 有力量 / 积极主动 / 成熟 / 不安 / 愧疚），但我还是要倾诉，因为 _____（我很担心自己 / 这些事极大地影响到我的学业 / 极大地影响到我跟朋友的关系 / 我很害怕 / 我很不喜欢这样 / 我不知道怎么办 / 我没有别人可以倾诉 / 我信任你）。

　　我希望可以 _____（跟医生或心理治疗师

谈一谈/跟辅导员谈一谈/跟老师谈一谈/稍后再议/制订一个康复计划/更深入探讨/找到一个支持团体），而且我需要你的帮助。

祝好！

_____（你的名字）

第三部分

寻求
专业帮助

心理治疗室必备

- 纸巾
- 装在相框里的执照或资质
- 很多很多书
- 超级舒服的沙发
- 某种植物
- 怪诞的艺术品
- 高级毛毯

实话实说：跟你再亲近的朋友聊心理健康也很艰难。你必须克服很多挑战，比如恐惧、尴尬和羞耻感。聊过之后经常导向一个决定——向心理专业人士求助。这个决定之重要、之关键，怎么强调都不为过！它是迈向康复之路的重大一步，而你应该完全相信自己有勇气去改变。

可是如何求助？何种治疗最佳？谁是最合适的治疗者？还有很多别的问题：比如是否需要药物治疗或住院治疗？如果你约见的心理治疗师不合适怎么办？如果你的看护人没有保险，支付不起心理治疗的费用怎么办？别担心。我们将在本章一一详解。目前不妨放宽心，假设一切顺利，你将了解到关于心理治疗的里里外外、方方面面。

心理治疗面面谈

到底什么是心理治疗？

　　心理治疗就是跟专业人士谈论你的病情。谈论任何让你苦恼、痛苦或控制你生活的想法、感受和行为。心理疗法有许多种，不过你现在不用考虑这些。如今对你来说最重要的是：记住，跟心理治疗师或咨询师交谈，有助于你缓解痛苦、享受生活。

　　通过心理治疗，你将学会质疑自己的负面想法，进而转变行为。心理治疗师会鼓励你直面一直被压抑的情绪。这是相当折磨人的情绪功课，某些天你会伤心绝望、出离愤怒或精疲力竭地离开治疗室。这个过程不可避免。有时候先难后易——所谓好事多磨。

并非所有心理治疗都聚焦于问题。有时候，跟某个不妄下断语的中立人士交谈就足以释放你的情绪，让你觉得被倾听、被理解和被支持。

选择心理治疗还可以基于如下愿望：

* **疗愈过去的伤痛。**
* **应对症状。**
* **更好地理解和处理某些强烈情绪，比如恐惧、悲伤或愤怒。**
* **磨炼人际技巧。**
* **更加坚强地面对挑战。**
* **改变一直阻碍你的行为。**
* **设立合理目标。**
* **变得更加自信。**
* **重建更加健康的生活方式和习惯。**

如果有些事我还不想跟人分享怎么办？

如果心理治疗师问到一些你不乐意讨论的事情，没关系，坦白说你尚未准备好就行。受过训练的心理治疗师会尊重你，给你所需的时间和空间。随着你们互相更加信任，你会更加舒服地敞开心扉。可是切记：让你有所好转的前提，是打开自己的心门。心理治疗师什么没听过什么没见过？千万别担心你会被视作"怪咖"。

如何找到心理治疗师？

这个问题看似令人紧张，其实资源很多。先问问身边的朋友家人有何推荐，如果他们有心仪的心理治疗师，没准也适合你。得知你信任的人有一个相处愉快的心理治疗师，可以让你更加放心自在。

更可能的情形是，要麻烦你的看护人跑腿寻找，并理清医疗保险和费用的事宜。如果他们进展不顺，可以考虑请求你的医生推荐。你也可以向学校的辅导员、社工或心理咨询师求助。如果你已经上大学，可以跟学校咨询中心的心理治疗师聊一聊。他们都是受过训练的专业人士，可以无偿满足你的需求。相比私人治疗师，他们可能没办法经常见你，但好歹是一个良好的开端。（可参阅本书结尾的资源章节以获取更多建议。）

现在，让我们来讨论什么样的心理治疗师可以让你更加舒服。以下是一些你可以考虑的因素：

- **性别**。有些人对特定性别的心理治疗师更容易敞开心扉。
- **民族、种族和文化**。在一个完美的世界里，不同出身背景的心理治疗师一般而言都具备跨文化能力，亦即可以理解不同文化背景的病患。遗憾的是并非如此，所以有时候更信任出身背景类似的心理治疗师并非没有道理。
- **语言**。找一个可以熟练讲你母语的心理治疗师可能更有益处。

- **宗教**。有些心理治疗师擅长提供宗教或心灵疗愈。
- **专注／专长领域**。大多数心理治疗师都在抑郁症和焦虑症的治疗上受过良好训练，如果你受困于其他心理问题，比如进食障碍、物质使用、躁郁症或创伤，可以寻找专精于这些领域的心理治疗师。
- **可得性**。视你居住的地方而定，有可能你要等上几周才能拿到预约。或是你所在地区只有一个心理治疗师愿意认可你看护人的保险，为你治疗。哪怕这个治疗师对你的病症并无太多经验，或是跟你的年纪、背景差别太大，仍然值得一试，没准会有惊喜。

首次见面会是什么状况？

不妨把首次约见视作一次咨询：跟心理治疗师见个面，确保双方互相合适。有些心理治疗师甚至会在约见前提供免费的电话咨询。

首次见面让你紧张，这不足为怪！把它当作一次对话好了。两个人说说话。一问一答。你的心理治疗师一开始可能会问你为什么来这里，对治疗有何期待。他们想了解你的问题、你的生活、你的学校和你的住处，甚至问及你的家人和朋友，这都是很正常的情况。

> **不喜欢我的心理治疗师怎么办？**

心理治疗最关键的因素之一就是你跟心理治疗师之间的关系。一旦关系不顺，实难想象治疗会有进展。你选定的人让你觉得舒服，这很关键。你们应能发展出信任感和安全感，让你可以坦诚相告。

可是，有时候心理治疗势必会带来诸多不适感，有时候则确实是你们的关系出了问题，如何分辨这两者之间的区别呢？有时你还会无意中把对生活中某个人的情感投射到治疗师身上，而对他（她）产生各种情绪，这种情况令人困惑。不仅如此，在心理治疗取得进展之前，往往要经历一个更困难的阶段，这就更令人困惑。所谓"忠言逆耳"，对我们说出真话的人总是更容易使我们动怒，虽然我们确实是需要听到那些真话的。

解决此困惑的最好方式就是跟心理治疗师明言。明明白白大声说："我不确定我们的关系是否对我的治疗有益。"受过专业训练的治疗师自会想方设法克服关系障碍，不会以此为忤。有时候他们也会推荐其他更合适的心理治疗师。有时候此类对话本身就足以揭示你必须探讨的某个问题。

如果你已竭尽全力，但还是效果不佳，换个新的治疗师完全不是问题。关键是不要就此放弃心理治疗！找到一个合适的心理治疗师就像和朋友聚会。你不会因为某次聚会不爽就不再聚会了，对不对？所以，为什么只试过一个心理治疗师就放弃了心理治疗呢？跟其他人际关系相仿，找到适合自己的心理治疗师也需要时间。

我如何确保心理治疗"有效"?

为了尽量发挥心理治疗的功效,你必须积极参与。比如:

* **明确治疗目标**。想好你最在意的特定行为或问题,跟心理治疗师沟通。

* **以诚相待**。如果你遮遮掩掩,不愿以实相告,心理治疗师怎么帮你?千万不要逞强,装出"一切都好"的样子。

* **保持开放的心态**。愿意采纳新的思维和行为方式。我们都抗拒变化,所以如果你在真正的改变发生前就放弃,也别太惊讶。

* **如果你觉得进展不大,告诉你的心理治疗师**。好的治疗师会积极应对,让每次治疗产生最大收益。此后如果你还是觉得不舒服,可以约见另一个心理治疗师寻求建议,甚至考虑换人。

* **把治疗带回家**。带一个记事本,发挥拓展你们治疗时的讨论。尽量把某些想法贯彻于日常生活。

家庭作业

开玩笑吗？心理治疗还有家庭作业？可是为了让疗效最大化，治疗师有时候会布置"家庭作业"。大多是日常的实际事务，比如"记下你每天的感受"或"跟陌生人介绍你自己"。有时候是磨炼你在治疗中学到的某一特定应对技能。如果你对治疗师的家庭作业觉得尚未准备好，可以跟他明言，要求换一些更易操作的作业。

我需要治疗多久？

为了充分受益，大多数人需要进行多次心理治疗。连续几个月见一个心理治疗师的现象很普遍。有的甚至持续数年，或在人生的不同节点来来回回见医生。你的心理治疗师会配合你制订方案。

没错——心理治疗听起来并不轻松，而你很可能并不想这么辛苦。若你以前从未做过心理治疗，那可能会让你更恐惧或更不舒服。或是你见过一次心理治疗师，但体验非常糟糕。

其实，不想去也没关系，虽然心理治疗真的管用，但谁也不能强迫你去。好在除了心理治疗之外，还有别的手段可以改善你的心理健康。详见本书第四部分。

线上心理治疗

线上心理治疗与线下治疗类似，只不过是在线上进行而不是在治疗室。通常一次一小时，每周一次，或你和治疗师约定的任何频率。以下是一些你可以考虑线上心理治疗的原因：

* 你抽不出时间亲身去心理治疗师的办公室。
* 你住在一个小地方，没有多少心理治疗师。
* 你所在地方的心理治疗师都被约满了，还有一堆人在排队候诊。
* 你觉得跟陌生人面对面交谈时，线上比线下更让你舒服。
* 你的时间过于弹性，心理治疗机构配合不了。
* 每次约见之间，你希望可以通过短信或电子邮件跟你的治疗师沟通。

相比之下，线上治疗更方便，但并非完美。很多线下治疗的难题依然存在，比如必须花时间找到一个合适的心理治疗师。另外线上治疗势必还会产生一些新的挑战：

* 心理治疗师设计办公室的初衷就是为了舒服、宁静和私密。线上治疗的话，你就得自己想办法找到这样的空间。
* 如果你的公寓或住宅人满为患，别人可能无意中听到你在说话，使得分享沟通的难度更大。
* 心理治疗就是交流，而面对面的一对一交流迄今仍无完美替代。若是视频聊天还好，可以看见身体语言和面部表情。语音聊天则连这些都看不见。如果是文字沟通，更是连声音都听不见了。
* 高科技固然可以化解很多难题，但也引入了新麻烦。你需要一个可靠的网络连接或设备让对话流畅进行。即便如此，不受控制的技术问题仍会时不时冒出来。

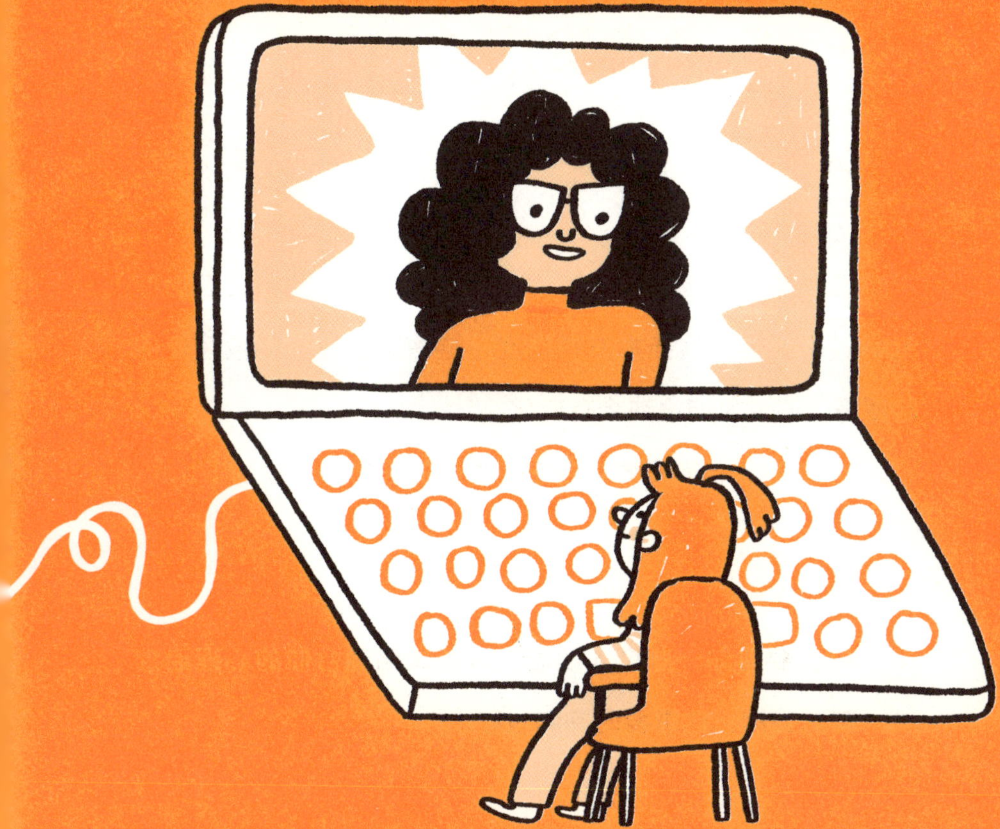

心理治疗 App

没有条件进行传统线下治疗的话，值得一试的心理治疗 App 越来越多。写作本书的时候，这些服务还不能被医疗保险覆盖，不过可能很快会有变化。

这些 App 各有不同，但它们提供的服务不外乎如下：

* **为你找到合适的心理治疗师。**
  App 会问你一些个人信息，以便找到适合你的心理治疗师。当然，这需要时间和过程。

* **每周7天每天24小时在线。**
  除了每周约定的例行治疗，很多 App 允许你随时沟通。问题在于：可能只能通过短信或文本的方式，而且每次

并非同一个心理治疗师。

* **常规心理治疗。**

    除了上述言及的服务,这些 App 也提供传统线下治疗。具体频率和时长依 App 和你的心理健康需求而定。

短信、热线电话和热线服务

危机短信服务免费、匿名且每周7天每天24小时在线。在美国，发送"MHA"到741741，即可跟受过训练的志愿者联系。任何情境不分时间地点，都可以获得支持。目的在于帮助任何身处危机的人由"狂躁"变得"冷静"，同时教他们将来如何应对危机。其工作流程如下：危机干预咨询师先会自我介绍，然后邀请你以短信来回沟通。你可以按照自己的节奏决定是否分享以及分享什么，总之以你是否舒服为要。通过提问和倾听，咨询师会帮你厘清情绪。

如果你想自残、自杀或伤害、杀害他人，或是身处危机急需平静和安全，每周7天每天24小时在线的热线电话可以帮你。美国自杀预防热线的电话是988。每通电话都会保密，如果愿意甚至可以完全匿名。热线电话是免费的。(书末的资源部分有一些我们推荐的热线电话。)

拨打热线电话的常见情形如下：对方通常是受过训练的专业人士或志愿者。他们会发问，但对话由你主导，不舒服的事情你可以不谈。所以不存在什么对话脚本，危机干预咨询师就是随机跟你聊天，希望可以让你好受一点。

聊到某个时候，你和危机干预咨询师可能会达成某个保全方案，进行可能的干预。有时候，危机干预咨询师可能会造访你家，跟你来一番头脑风暴，告诉你亲朋好友都会帮你，或是约一个时间将来再给你来电，跟踪回访。更罕见的情形，警察会被唤来，但咨询师会竭尽全力帮你，不让事态升级，在其他人介入前，跟你达成一个保全方案。有人因为害怕不敢打电话，你可别这样。打电话的目的是让你不出危险，同时跟所有可用资源对接。

热线服务也可以让你跟某人对话，在你困难的时候提供支持。只要你有危险或想找个人说话，都可以拨打热线服务。与热线电话不同的是，热线服务通常并非全天候在线。工作人员跟你一样也受过心理疾病折磨，但后来受过训练，所以很明白那种急需救助的情形。热线服务同样免费保密，但跟危机热线或热线电话的不同之处在于，后者往往更强调保证你当下不出事，并让你尽快跟危机干预资源对接。（这并不意味着你有危险的时候不能拨打热线服务——它同样可以帮你对接合适的危机干预资源，或在心理上帮你做好寻求正规治疗的准备。）

药物治疗

现在说说药物治疗。有人一想到吃药就害怕。他们担心的是,如果他们的焦虑、抑郁或别的心理疾病到了需要吃药缓解的地步,这到底意味着什么?难道他们发疯或崩溃了?或是说他们余生药不能停?未必。不少人早已发现药物真的有助于控制不同症状。有的只需短期服用,以后再也用不着;有的要吃上数年甚至一辈子。所以个体差异很大,涉及诸多不同因素,详见下文论述。

不过,有一点是很清楚不过而且可以大声疾呼的:哪怕你需要吃药——不论只是短期服用还是持续数年——跟你是一个什么样的人压根儿没关系!不是说你疯了或崩溃了,你也用不着费劲解释或觉得愧疚。

药物对每个人的作用也不同。有的可能对你朋友很管用,对你则不然。有的可能管用，但副作用很难受。务必咨询医生或精神科专家，以找到最适合你的药物。这意味着在药物带来的好处和副作用之间寻找一个平衡点。切记，药物起效不等于彻底治愈，但可以对付症状。一旦停止服药，症状可能复发。

当药物治疗是一个总体治疗方案的一部分时，可以发挥最佳效果，比如，这个治疗方案包括心理治疗、朋辈支持和药物治疗。合适的药物治疗需要不断试错。有时候可能需要几个星期甚或长达两个月，有时候还没见效副作用就会先行而至。所以你可能需要试验不止一种药物治疗才能找到合适的，但很多人觉得值得一试。

药物治疗的种类

* **抗抑郁药**

可以减轻悲伤或抑郁情绪，也可以缓和自杀意念，不过有的抗抑郁药反倒有强化自杀意念的副作用。如果你担心这个——尤其是你过去有过自杀意念或尝试行为—— 一定要跟医生提及。抗抑郁药不会让人"开心起来"或改变个性。有些抗抑郁药还可以减缓焦虑。

✹ 兴奋剂

常用于治疗多动症,有助于提升专注力或专注时间。还可以提高你服从指示的能力,减少多动和冲动。

✹ 情绪稳定剂

常用于治疗躁郁症,可以缓解或消除极端的情绪波动及相关症状,但不能让你免除正常的情绪波动。还可以用于治疗持续了很长时间,或好而复发或单用抗抑郁药疗效不佳的抑郁症。

✹ 抗精神病药物

主要用于精神分裂症或出现精神错乱症状的躁郁症。也可用于其他状况,比如抑郁症、焦虑症和睡眠困难。甚至有助于缓解甚或消除幻觉和恐惧心理。

✱ **镇定剂和安眠药**

可缓解焦虑和失眠,助你身心放松。虽然只有部分药物被用于促进睡眠,但都可能导致你昏昏欲睡。通常只是短期服用,因为长时间服用会产生依赖性。

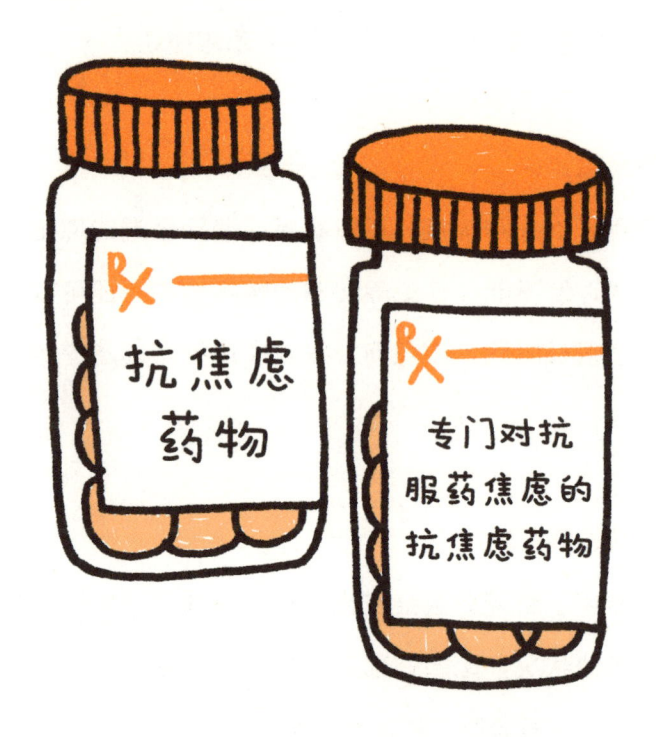

如何决定是否吃药？

如果你考虑吃药，就跟医生坦诚沟通。讨论你的隐忧，获悉你有哪些选项。如果还不确定怎么办，如下提示或许可以帮到你：

* **获取信息。**询问药剂师这些药物将对你的特定症状有何助益，可能存在什么副作用。你也可以做笔记，或要求亲朋好友跟你一起去，在精神上支持你，或帮你留意重要信息。
* **跟有过类似经历的人交流。**自助团体可以提供第一手信息。
* **想清楚什么对你最重要！**只是为了摆脱某一特定症状而别的症状可以忍受？还是为了避免明确的副作用而选择与某一症状共存？你的主要目的是什么？药物治疗对你有何助益？
* **有时候只有亲身尝试才能知道药物是否有效。**你可能会觉得服药之后好转不少。否则，可以考虑不再继续服用。

如何让药效最大化？

吃药说复杂也复杂，说简单也简单。可以记住几个要点。首先，记录你的进展。写下你吃过的药物，记录你的感受。写下你的疑问，跟医生讨论。这些记录也可供将来参考——一旦你换药，可以回溯比较哪种药更有效、药效时间多长。

如果出现讨厌的副作用，医生或药剂师可以帮你。如果药物让你难受、发烧、出现皮肤反应或其他让你担心的症状，千万别默默忍受——立刻给医生或药剂师打电话。

同样，如果你考虑停药，也要跟医生和其他支持你的人沟通。他们或许可以帮你做决定。哪怕你不希望别人帮你做决定，你身边的人也应该知道你未有好转或被副作用困扰。

突然停药可能让你更难受甚或发作。最好是在医生的帮助下逐渐停药。

最后，吃药的时候绝不要喝酒。其交互作用可能很危险甚至致命。

住院治疗

有时候，为了确保生命安全、密切监控、精确诊断或调整、稳定用药，需要你住院治疗。相比吃药，很多人更怕住院，因为这完全不是他们所预期的。可是住院的目的并非永远让你住院。一旦你觉得安全可控（心理或行为上），即可回家。

一旦住院，你要先接受一次全面体检，以决定你的整体健康状况，并用以制订治疗方案。如果你觉得不安全或不舒服，完全可以要求医院对你的治疗方案做出解释，并拒绝治疗。你同样有权利保护你的健康信息，或通过保密协议保护你的隐私。

因心理疾病住院的人并不罕见。有时候是因为医院提供的特定服务，有时候是因为我们一有危险头一个想到的就是住院。所以，办理住院手续的时候应当把事情想周全，这有助于你判断住院是不是你目前的最佳选择。

如果你决定必须住院，治疗方案将视你需要的护理水平而定。许多综合医院设有精神科住院病房，提供24小时看护。还有一种"部分住院治疗"，只在白天而非24小时提供治疗服务，不过夜。这可以作为住院和出院之间的过渡阶段。居住护理则是居家环境的24小时的精神科护理，或用于治疗物质成瘾问题。

住院对心理疾病有何助益？

因心理疾病而住院的理由很多，比如：

✳ **为了生命安全。**

对于有自残或自杀意念的人，医院可以提供不可或缺的监护和受过专业训练的人员，保证你和身边人的安全。医疗团队将为你制订保全方案，以及出院后续的预约、用药以及一系列新技能、新策略。

* **短暂逃脱几天。**

    心理健康相关的住院时间通常时间不长（几天到一两周）。如果你的日常生活已不堪重负，短暂逃脱几天对你的心理健康可能大有助益。住院的时候，有人为你准备吃喝，有人为你清洗衣物，护士每隔一阵子为你发药。你还可以参与团体治疗或艺术治疗。

* **获得快速、全面的医疗护理。**

    心理健康需求的全面满足有点类似于抛接杂耍：药物治疗、心理治疗、生活方式的调整……甚且你的生理健康。一旦住院，这些各领域的专家你都可以见着——一天之内！

* **制订出院后的护理和治疗方案。**

    出院之后怎么办？其实，这正是你住院期间所需处理的问题之一。如果需要继续用药，医院会给你补充，或将你转给某个心理治疗师或别的你可能需要的专家继续治疗。

对于住院的常见恐惧

有人一听说住院就吓得要死,哪怕以前住过院,或是对住院或多或少有所了解。原因不一而足,通常不外乎如下:

* **害怕陷入另一个低谷。**

  很多人住院通常是因为迫不得已、没有选择。你害怕的可能不是医院本身,而是害怕陷入另一个低谷。如果是这样,你可以通过了解你的自我护理、你对心理治疗的参与和你的用药情况,早点介入干涉。

* **上次住院体验不佳。**

  每家医院各不相同。虽然这么说有点不公平,可是你的恐惧可能源于上一家医院实在太糟糕。要是你觉得将来没准还会去这家医院,不妨跟你的看护人直言,说明你想要的去向、你想接受或不想接受的治疗。你还可以在网上调查一番,找到更适合你的医院或治疗方案。

✹ **你被侵入性思维所困扰。**

有些人总有一些挥之不去、毫无必要的想法，老觉得自己要倒霉——住院就是其中之一。这种想法哪怕在你压根儿没到住院这个地步的时候也会发生。果真如此，跟你信得过的人聊一聊。如果他恰好是心理健康专家，可以直接问他："你觉得我需要住院吗？"

第四部分

更好地照顾自己

找不到心理健康专家的理由多种多样。可能是心理治疗过于昂贵，或是不被医疗保险覆盖。有些地方则是难以预约。也可能是你尚未准备好。可是心理治疗并非唯一的救助通路，你自己可做的事情其实颇多，且都有助于心理健康。

　　下面我们会教你一些不同的方法。有的比较笼统，对几乎所有人都有益，比如如何应对孤独，如何管理负面情绪。有的则特有所指，比如如何应对惊恐发作，或是没有能力起床出门怎么办。

压力管理 营养 支持系统 应对技能 高质量睡眠 体育锻炼 保持心理健康

如何起床出门？

有时候外面的世界似乎让人应对不暇，尤其当你内心备受煎熬的时候。那种感觉就像身体在阻止你动起来，或是没有什么事情值得你起床。也许是世事纷扰或过于喧嚣，而你总觉得自己是个局外人。也许是耻辱、责任或不如意的人际关系让你彻底躺平。一旦你有上述感受或想法，自然而然不想费劲起床离开房间。

饱受压力、抑郁、焦虑和其他心理疾病折磨的人，通常落落寡合、精疲力竭、缺乏动力或热情。对此，我们或多或少都有所体会。可是，听到这些并不总是能帮助我们感觉好受一点。

就是起不来。

哪怕你的世界目前仅存负面想法和负面感受这两样东西，也要明白它们终会烟消云散。众生皆苦，你无须为此愧疚。有时候，我们所能做的就只是在房间里、在被窝中，一分钟一分钟地熬过去。

几个起床小窍门

* **跟朋友订个计划。**

   如果你觉得身处困境，跟你在乎的朋友打电话或发短信，一起订个计划。哪怕你不想分享痛苦，这个计划或许可以帮你一只脚迈出来。你还可以邀请朋友或家人来看你。

* **短信或电话求助。**

   跟别人建立连接很重要，尤其是你苦苦挣扎的时候。跟你信得过的人分享你的痛苦。很多人害怕给人添麻烦而不伸手求援，可是大多数人觉得支持朋友是义不容辞的。就算你不想掏心窝子，也没关系！光是分享视频或跟你目前遭遇无关的有趣内容也有助于缓解孤独。

* **跑跑腿或打打杂。**

  一旦不想起床出门，一件件小事就会堆积成山，使得你更加不想迈出房门一步。想想哪些事情是你可以轻易入手的，比如洗衣服、打扫房间、购买食品、发送电子邮件、网上购物等。也可以特意设定一个时段（比如5分钟、30分钟或1个小时），做点有些难度但并非不切实际的事情。一旦启动，坚持下来也相对容易。

* **向专家求助。**

  如果你发现很久很久以来一直不能起床，可以考虑向支持网络或专业人士求助。

如何应对惊恐发作？

惊恐发作最令人难受的就是强烈的恐惧体验。它攫住你的身心，让你难以或不可能头脑清醒。这其实就意味着你难以解决现实问题或做出决定。解决之道就是习得一些有用的新技能，从而不必与恐慌缠斗，因为那样只会雪上加霜。

如下几点不妨一试：

* **跟自己讲话。**

    大声对着自己讲话。把一些会让你好受的话语明明白白地说出来。"你会没事的。""以前你也经历过，知道自己死不了。""你会挺过去的，变得前所未有的坚强。"或者给自己唱首歌。

✹ **缓缓深呼吸。**

因为身体紧张呼吸急促，你可能会很难受。急于控制焦虑和恐慌使得你的身体和大脑受限，难以做出更好的回应。鼻孔吸气、嘴巴吐气，有助于你更好地呼吸。吐气的时候噘起嘴唇，故意发出声音，同时让你的肚子随着呼吸起伏。你还可以通过数数呼吸：持续吸气三秒钟，然后持续呼气五到六秒钟。

✹ **分散注意力。**

从100往回倒数，每次减3。背诵你最喜欢的歌词。数一数窗外有几棵树，路边有几辆车。有的人会播放自己喜欢的播客或曲目清单，但这需要提前备好。

✹ **使用接地技巧。**

接地可以让你的身心平静下来，停在当下。把你的双脚平放在地上，碰触椅子或别的物品。什么感觉？冰凉？粗糙？有纹路？在你的头脑里描绘或大声说出来。你也可以描述五种感官的体验："我看到——""我触到——""我听到——""我闻到——""我尝到——"当然不一定按照这个顺序。也无须言之有理。只要让思绪跟外部环境建立联系，而不是停留在焦虑中，就对你有好处。尽量说得抑扬顿挫一些。说个不停，直到你觉得身心平静下来。

✹ **求助。**

等事态平息下来，再跟可以支持你的人求助。发泄一番也未尝不可，或找到跟你同病相怜的人。当你只想逃跑、放弃，或陷入自我批评的时候，这可以让你不那么孤单，给你鼓励。

✹ **自我关怀。**

惊恐发作之后，你往往会心力交瘁。制订一个自我关怀的计划，比如找一个安静之处休息几天、听听轻音乐、泡个澡或爱干吗干吗，只要感觉安全就好。如果为此不得不取消其他计划，取消就是了。

对抗孤独

人是社会动物——跟别人建立联系是我们的天性。如果这个需求得不到满足，自然就会孤独。但孤独是一种普遍情感，或多或少、某时某地，人皆有之。

有时候孤独源于跟别人缺乏连接，或不被理解，觉得无法"融入"——你的同学、朋友或广义上的社会。没准你有一群朋友，但好朋友寥寥无几。没准这两样你都不缺，但缺少浪漫或亲密关系。有时候搬到一个新城市或和亲密的人分开，你也会觉得孤独。最后，孤独还是抑郁、焦虑和其他心理疾病的症状之一。

不论什么原因，总有办法缓解孤独。以下是一些小窍门：

✷ **承认自己孤独。**

改变往往源于承认或直面你的感受。尽量找出你为何以及如何孤独的原因。一旦你更深入理解自己的孤独，接下来一步步应对就会容易许多。

✷ **加强你既有的连接。**

孤独可以强烈到让你对既有的人际关系视而不见的地步。你是否有为人很好但不亲近的同学？或是有个这样的朋友，你们彼此都"喜欢"对方的社交发帖，但就是几乎没说过话？不妨试试他们或是你多年未联系的朋友。没准他们对深度连接的乐意程度会让你大吃一惊。就算他们不会变成你最新最好的朋友，但愿借此可以加深你跟身边人的连接。

✷ **参加俱乐部或兴趣活动。**

跟你有共同点的人更容易成为你的朋友，所以试着参加一些你感兴趣的活动。找一个读书俱乐部、一支球队或一堂艺术课，甚或每周固定时间锻炼健身一次——你可能会时不时发现一些熟悉的面孔。别忘了还有在线社群！

如果你实在找不到一个好的线下社群，线上还有大把的兴趣爱好社群供你选择。

* **关心别人。**

   孤独的时候恐怕你最怀念的就是归属感和目标感。帮助别人可以让你觉得被需要。没准你的邻居或家人很想找个人倾诉。没准当地的养老院或动物收容所（没错，猫狗也可被视作"别人"）也需要你的援手。重返社区是缓解孤独的有效方式。

* **在公共场合多待一会儿。**

   如果跟别人对话让你畏惧，也要尽量多花时间出入公共场合。跟别人在一起，哪怕没有互动，也可以缓解孤独。你可以选择在图书馆而非卧室里做家庭作业。打算无所事事地刷30分钟手机？不妨在你最喜欢的咖啡店点个吃的喝的，好好享受你的社交媒体休息时间。

* **享受独处。**

   孤单并非孤独。社区固然重要，你如何跟自己独处也很重要。确保你能亲切地跟自己说话，像你夸别人一样夸自己。全身心投入你喜欢的独处：把你想看的电影一部部看完，或是买一套你打算养成的新嗜好的入门工具。花时间跟真实的自己重新建立连接：你的力量、目标以及任何使你之所以成为你自己的东西。了解自己的额外好处是：这样会让你在出门社交的时候更容易自我感觉良好。

停止自我厌恶

也许你不喜欢自己的长相，或是感觉自己总让人失望，没有朋友。你仿佛陷入恶性循环：越厌恶自己，情况就越糟糕，然后更厌恶自己。

如何解困呢？明确这种自我厌恶的情绪从何而来，或许可以帮到你。影响自我认同的因素很多。比如：

* **极端的自我批评。**一点点富有建设性的自我批评，固然可以帮你发现和纠正错误，可是过犹不及。一旦让你觉得自己糟糕透顶，那就有害无益了。

* **不切实际的预期。**如果你经常达不到自我预期，或许是重新调整预期的时候了。"降低你的预期"似乎听起来不

妙，可是超乎你能力之外的预期对你没有任何好处。

* **胡乱对比**。把你的缺陷跟别人的长处对比无异于自取烦恼。你当然有缺陷、会犯错，但是谁没有瑕疵和错误呢？哪怕那些高高在上、受人景仰的家伙。社交媒体容易隐藏这些人的缺陷，只放大他们的成功。把你自己跟他们对比无疑很不公平。

* **过去的错误**。没准你还在为很久以前的过错埋怨自己。往日不可追，但你可以吸取经验教训，继续前行。

* **感觉格格不入**。找到支持你和认同你的人群很重要。这需要时间，但完全值得，而且这些人确实存在。有时直到上大学甚至上班后才能找到这样的人。有时则是在网上找到。

* **习惯成自然**。一旦你养成自我批评的习惯，想停下来很难。"我恨自己"或其他负面的自我对话有时候会侵入你的思维——动不动就跳出来，其实没有实质意义。

每天加一样你喜欢自己的理由,列入清单。

这是一个好开端。

1. 我善于列清单……

现在要怎么做？

接受自己，尤其是现在的自己。恨自己没关系，也并非不可以。你身边就有这样的人，暗地里恨自己，但你会惊讶地发现，他们往往也是你尊敬和喜欢的人。跟他们一样，你也值得被喜欢。

一旦学会如何善待自己，你就会更加快乐。这个过程需要时间。下面是一些提高自我形象的小窍门：

✳ **从小处做起。**

你不必马上无条件爱自己。首先要对自己有同理心，练习善待自己。对别人好并不意味着你要喜欢他们，同样地，对自己好并不意味着你要喜欢自己的一切。先找一两个让你真心喜欢自己的理由，然后使劲再找。

✳ **人非圣贤，孰能无过。**

但缺点和错误并不能定义你。

✸ **练习积极的自我对话。**

大声说自己的好话,只说给自己听。不需要什么了不起的功绩。也许你尚未准备好说自己"聪明"或"俊美"。可是既然你拿起这本书,不妨如实地说"我在努力改变自己"。你现在怎么样没关系,关键是你走在变得更好的方向上。

✸ **坦然接受别人的赞美。**

别人夸你的时候,别争辩或翻白眼,说一声"谢谢"就好。相信他们是真诚的。想想他们说的有无道理。从此你的自我对话里可以多加一条:"某某人说我善于……"

✸ **提高心理健康程度。**

自我厌恶是抑郁症的典型症状。把根子的抑郁症治好了,你的自我形象自会提升。

遏制自杀意念

如果你考虑过自杀，希望你知道几件事情。首先，你并不孤单。有太多人都在生命的不同阶段考虑过结束生命。知道这点或许能让你好受点。再失落再无助，一切终会过去，康复路上有很多事值得你做。

不想死也不想活是怎么回事？

并非所有想死的人都真的想死。很多人之所以想死，是为了终止心理和情感上的剧痛。自杀意念有消极和积极之分。消极的自杀意念是想死但没有计划，积极的则会制订计划。

但这并不意味着消极的自杀意念对你的生命安全没有危险。思考自杀意念背后的感受。理解其来龙去脉，有助于你更好地处理和预防危机再生。如下是几个典型的自杀源头：

自杀意念就像是……

"一条死死缠住人的大蟒蛇。"

* **抑郁**。自杀意念本就是抑郁的常见症状。也许是对残酷世界、世事无常或人生意义的执念。当你抑郁的时候，消极思想往往更有"黏性"。对作为根子的抑郁症积极治疗，有助于你的思想恢复积极。

* **强迫性或侵入性想法**。不论焦虑症或抑郁症皆可催生关于死亡的强迫性想法，比如担心你自己或你的所爱会死。关于死亡的侵入性想法一开始可能是无害的消极思想，但是因为你被吓着了，所以念念不忘。如果你属于后者，可参阅第159页的"避免思维陷阱"。

* **悲伤**。当我们内心无比悲痛的时候，对死亡的天生好奇往往会更加个人化。比如失去了某个亲人、朋友或宠物，这时自然而然你就会开始思考什么是死亡、他们死了之后会发生什么……而你死了之后又会发生什么。首先，给你自己足够的时间去悲伤。很多人通过悲痛和死亡主题的电视剧、电影、书籍或诗歌找到慰藉。或是跟你信得过的人交流。用记事本写下心中的感受或许也能帮到你。

想死的其他理由

* **绝望？** 在你最低落的时候，你的头脑会寻根究底，把你一生最不堪的事都找出来。或者问题只有一个，但死活没有简易可行的解决办法。或者解决办法受限于另一个问题。诸如此类。此类情境的痛苦可以剧烈到让你想轻生，可是不要忘记绝望既是感受也是判断。感受不会长存，而身陷困顿之人的判断亦不可轻信。所以更要征求你信得过的人的意见。

* **心力交瘁？** 也许是生活让你承受了太多负累，使得你无力继续前行。短暂脱离现实完全没有问题。关键词是"短暂"。此时花时间照顾自己并非自私自利，相反，唯有照顾好自己，才有精力顾及别人。但是，照顾好自己也完全可以只为了你自己，而非为了别人，这非常重要。

* **社交孤立？** 无人交往的结果就是孤独，而孤独会使自杀意念大增。试试每周跟家人打个电话，跟朋友搞个俱乐部，甚或陪伴宠物获取慰藉。社会交往很重要，不管什么方式。

* **鲁莽？** 守护你安全的东西，比如安全带，不再对你有意义。你是否有意或无意地让自己以身犯险？如果真的是这样，你得承认你做的决定并不安全。找到你信得过的人，跟他们诉说，向他们求助。

* **担心自己成为累赘？** 挣扎求生的人往往觉得自己成了别人的包袱——他们的情绪或行为只会给别人添堵。其实并非如此。读到这里，如果你还是不能相信这一点，不妨试问：如果你的朋友有自杀意念，难道你会袖手旁观吗？如今你要做的就是转变思想，从"我是别人的负累"变成"我需要别人的帮助"。多跟亲朋好友或可以支持你的人在一起。

* **创伤？** 急剧的生活变动和人生创伤可能引致恐惧和自杀

意念——找出你的感受，但不要评判自己。那些感受不能表明你是一个糟糕的人，只说明你身处危机而已。找一个你信得过的人帮你制订一个保全计划。参考第148页的自助练习。

* **药物副作用？** 某些药物的副作用可能会让人产生自杀念头。如果你觉得有这个可能性，立刻给你的医生或药剂师打电话。

如果自杀念头一直挥之不去，甚至已有自杀计划或考虑制订计划，你要做的就是马上告诉别人！告诉别人你想自杀固然很困难，但也是勇敢的一步。紧张没关系，但务必告诉自己非此不可。一定要跟别人说！怎么说？跟合适的人艰难对话。再难也要开口。天大地大，此刻你的生命最大。后续我们将详述跟谁说和说什么的问题。

可以跟谁说？

* **不论是谁，只要就近皆可。** 如果你在家里，父母、看护人、兄弟姐妹、朋友或邻居都可以说。如果你在学校，就跟老师、辅导员、校工或同学说。如果好几个人在场，挑一个相处起来最让你舒服的。

* **如果你独自一人，不要犹豫。** 从上述人群里挑一个。打电话或发短信。如果你有心理治疗师或医生，也可以给他们打电话。如果没人接，给他们留言，然后继续打电话。直至你找到一个可以说话的人。此时如果有两三个人都已获悉此事且愿意帮你，那就比较安全。

* **拨打自杀预防热线988。** 前提是你实在找不到人。每通电话都免费且保密，如果你愿意，甚至可以完全匿名。

应该怎么说？

告诉别人你想自杀，其艰难程度和需要的勇气超乎想象。不妨参照如下格式填空，加总起来就是一个讲稿，或许可以让对话轻松一点。

* 过去 _____（天 / 周 / 月 / 年），我一直有自杀意念。
* 每 _____（分钟 / 小时 / 天 / 星期）我都想到死亡。
* 我一直觉得 _____（绝望 / 受困 / 难以忍受的痛苦 / 抑郁 / 空虚 / 自己是个累赘 / 愤怒 / 焦虑 / 烦躁 / 不计后果 / 与世隔绝）。
* _____（饮食 / 睡眠 / 自残 / 鲁莽驾驶 / 酗酒 / 极端情绪波动 / 悲痛欲绝 / 毫无来由的愤怒或狂怒）的问题让我备受煎熬。
* 我曾经想过自杀的 _____（计划 / 方法 / 方式）。
* 我想 _____（跟医生或心理治疗师谈谈 / 制订一个保全方案 / 找到一个支持团体），我需要你的帮助。

相信自己

读到这里,说明有一部分的你想要更安全更有意义的人生。为此就值得表扬你自己!这是一个重大开端。努力滋养那一部分的你,让它更强大。找一个你不想死的理由。不需要那些高大上的理由——可以简单到不想错过下一个赛季或你最爱的娱乐节目。认同一个小理由,然后继续前行。坚实你的支援团,可以是人——专业人士、朋友、家人——也可以是某种活动,或一套自我保健的套路,或任何可以让你人生多姿多彩的东西。尤其切记,任何情绪终会转变,明天会更好。

自助练习：

提高安全感

任何创伤都会让人觉得不安全或不踏实。想方设法找到安全感以及建立对生活的掌控感，有助于我们扎得更稳。一旦缺乏安全感，我们就会焦虑、抑郁或不知所措。以下练习可能有助于你提高生活的安全感。

增强认知

哪些情境会让你失控?(比如:出乎意料的对话或不请自来的访客,跟人吵架,被迫干一些你不想干的事情)

_____
_____
_____
_____
_____
_____

哪些想法会恶化你的负面情绪或体验?(比如:不知如何是好,似乎一切都乱了套)

_____
_____
_____
_____
_____
_____

哪些身体症状会恶化你的负面体验？（比如：心跳加速，肚子疼，出汗）

_____
_____
_____
_____
_____

磨炼安全应对技巧

哪些乐观正面的言辞可以让你好受一点？

_____
_____
_____
_____
_____
_____

过往有何经历可以提升你的安全感？可以是缓和身体负面反应的某个行动，或让你拥有安全感的特定物品。（比如：抱着一个毛绒玩具，阅读你最喜欢的书籍，聆听轻音乐）

_____

_____

_____

设想一个可以让你有安全感的地方。闭眼，深呼吸，安静下来，对那个地方展开想象，想得越细越好。你可以看到、听到、闻到、感觉到甚至品尝到什么？

_____

_____

_____

_____

惴惴不安或心无所依的时候，你可以找谁倾诉？

_____

_____

_____

彻底接纳

承认你的感受　　倾听你的感受

感受你的感受　　接纳你的感受

自助练习：

学会彻底接纳

俗话说，人生不如意事十之八九，且往往不受你的控制。你无从改变别人的行为或已发生的现实，人生最痛苦的经历莫过如此。彻底接纳可以帮助你以不同视角审视现实，远离怨怼、愤怒、憎恨或耻辱的情绪，由此减轻痛苦，让你头脑冷静、思路清晰、不失尊严。

听起来棒极了，可是如何办到？虽然彻底接纳并没有那么神秘或复杂，但也需要一些练习方可领会。其收益远远大于你的学习成本，而这个本领可以让你终身受益。使用如下练习，你就能领会彻底接纳的要领。

是什么在困扰你？ 彻底接纳的第一要义就是清晰地表达出你的困扰。你为什么闷闷不乐？发生了什么事或不愉快的情境？可以是最近发生的，也可以是过去发生的——不管是什么，把你的想法写下来。

_____

_____

_____

_____

理解现实。 第二步是区分现实和观点。细读你刚写下的想法。如下疑问有助于理解你正在经历的现实：

哪些是你不得不接受的现实（而非判断或观点）？比如，"怎么可以这样"就是观点，"事已至此"则是现实。把你的答案写下来。

_____

_____

_____

_____

_____

思考你刚描述的现实，和这样的现实在一起待一会儿。如果你的情绪反应还是很强烈，也没有问题。和这样的情绪在一起待一会儿。

　　是什么事件导致了这样的现实？（比如，"事情是这么发生的……"）

_____

_____

_____

_____

　　接受现实。彻底接纳的第三步是接受你正与之抗争的现实。如下做法或许有所助益：

　　思考当下现实。你可以在自己的头脑里接受它吗？你可以跟自己说什么来帮助自己接受现实？

_____

_____

_____

_____

_____

想象你接受现实之后的感受。如果你放弃抵抗它，会有什么心理反应？是快乐，古里古怪，还是有所"放松"？（如果你现在无法想象，没关系。这也是需要练习方可解锁的新技能。）

再度思考现实。你的身体可以接受它吗？哪个身体部位在抗拒现实？肩膀还是后背？是否存在生理性的紧张或痛感？练习在身体层面体会你的情绪，并学着释放它们。写下你的感受。

现在，你是否觉得失望、悲伤或痛苦？和这样的情绪在一起待一会儿，哪怕只是一小会儿。承认它的存在。全身心去感受。明白这些感受的产生实属正常。别想着费劲去改变或驱赶。留意这些感受是否自行消失。把这些过程写下来。

_____

_____

_____

_____

伴随现实而生的痛苦情绪如果可以被接受或默认，最终自会渐渐消散，而别的想法和感受也会出现。由此，别的可能性就会到来。你的人生除了你正在努力接受的现实，肯定还有别的方面。它们是否美好、有意义或令人向往？写下来。

_____

_____

_____

_____

如果你还在苦苦挣扎，记下接受现实的好处和坏处。下回再经历类似困境，可以回头再来练习。

_____
_____
_____
_____
_____
_____
_____

切记，彻底接纳是需要你用一生加以练习和实践的有用技能。谁也不可能一学就会，可是它足以让你受益无穷！所以，好好坚持吧。

避免思维陷阱

生活不易，难免让人以负面的观点看世界。仿佛一切可怖至极，无路可逃。或许你无法改变身边人、事或环境，但完全可以学习更清晰、更积极地思考。这会让你更容易享受人生，也更能找到困境的解决之道。

> 我们的思维是如何被困住的？

大千世界日益纷繁复杂，我们每天遭遇的新状况是我们的穴居祖先从未经历过的：上学、社交、学开车、考大学……

处理起来颇为不易,而我们的"动物脑"已竭尽所能!

怪异的是:人脑其实很不喜欢消耗太多能量的思考和解题。相反,我们的大脑更青睐使用心理捷径。这些心理捷径让我们免于被太多细节和决定淹没,帮助我们运用过去的经历预测未来。大多数时候这是一件好事。可有时候却会妨碍我们,尤其是诱导我们扭曲现实,把假的当作是真的。

比如,当你尝试新事物却受挫的时候,你不会视之为学习的过程,而是会觉得:"我真逊。啥都干不好,还是老老实实的别再尝试了吧!"此时你的大脑其实是想保护你免于未来继续受挫。问题在于你的论断——"我啥都干不好,我不应该尝试新事物"——这不能成立。长此以往会导致你对自己毫无信心,甚至无从学习新事物。

警惕思维陷阱

- 妄下结论
- 主动过滤
- 非黑即白
- 自我苛责
- 以偏概全
- 感情用事
- 非此不可
- 消极悲观
- 小题大做

打破思维陷阱

每个人都独一无二，我们的想法也是独一无二的。虽说如此，我们往往容易陷入类似的思维模式。这些模式就是所谓的思维陷阱，也称思维错误或自动消极思维。所有人都难免被困住——可是通过学习，你完全可以打破思维陷阱！

诀窍就是重塑你的思维。这意味着另辟蹊径，而不是用旧的路径解决问题。有时候光是尝试着重新思考，就能让你的感受焕然一新。当然这需要练习，可是假以时日，你不仅可以学会如何积极思考，甚至还可以真正改变对自己的认知。

在练习重塑想法时，切忌过于自责。所有人都会陷入思维陷阱。摆脱它需要时间，所以很可能你一路走来都是磕磕绊绊。切记重塑想法并不意味着隐瞒感受。如果你为某件事伤心，不妨给自己讲一个更乐观的故事版本——虽然事已至此还是让你伤心。

常见思维陷阱

* **非黑即白。**这意味着在你眼里事情非好即坏、非对即错,没有中间选项,没有灰色地带——只有两个极端。"我要么最棒,要么最差。""上不了完美的大学,就是彻底的失败。""拿不到 A+,跟拿到 F 没有分别。"

* **以偏概全。**仅仅因为某个单一事件就得出笼统结论。比如:"我跟好朋友吵了一架。我敢保证她再也不想跟我做朋友了。"

* **消极悲观。**哪怕有好事发生,可是因为别的因素存在,仍然坚持认为那些好事"算不上什么"。这会让你的大脑长期消极悲观。比如:"我考试拿到 A,可是很多人也拿到 A,所以这没什么了不起。"

* **妄下结论。**跳过必要的逻辑链条得出结论。把某些压根儿跟你没关系的事情视作针对你。老是觉得大事不妙或

别人对你不满，哪怕毫无证据可以支持。比如："他们没有马上回我信息，一定是因为什么生气，不喜欢我了。"

* **非此不可。** 相比现状实际如何，你更强调现状"应该"如何。比如："我应该多锻炼。"可是当你把这句话指向别人时，就会感觉到愤怒、受挫或抱怨。比如："他不应该那样跟我说话。真的是很欠考虑。"

* **责怪别人。** 把责任完全归咎到别人身上，无视自己的可能过错或原本可以改变现状。比如："我的成绩一塌糊涂，因为他没有叫上我一起学习。他知道我需要帮助，否则一定不及格，所以都是他的错。"

* **主动过滤。** 容不得跟你相反的观点或意见。如果你认定"没人欣赏我"，就会对赞美视而不见。如果你认定"我是废柴"，就会对自己求全责备，而把好的一面都归咎于偶然或运气。

消极悲观

啦啦啦,听不见!

摆脱思维陷阱的小诀窍

✸ **重塑想法**。另眼看现状。如果你的负面想法是"我啥也干不好",更温和的重塑方式是"我搞砸了,可是没有人是完美的"。或是这么想更积极："我搞砸了，现在我知道下回要好好准备。"当然，在你对自己万分失望的时候，这么自说自话并不容易，不妨这么考虑：如果是你的朋友这么自暴自弃，你会如何安慰他们？

* **证明自己错了。**寻找跟你某个消极想法相抵触的证据。想一想是不是真有峰回路转的状况。然后继续，花时间寻找跟你原有想法迥异、更积极乐观的可能性。每次这么做，你都在改写自己的人生故事。而这完全值得，因为你的人生故事完全可以更加精彩！

* **改写场景。**这对胡乱责备别人的做法尤其有效。想象这是一个故事或某个电影场景，把它改写成只有你一个角色，也只有你可以改变结局。比如，你觉得自己没考好是因为朋友本该喊你一起学习但没有——改写这个故事，让你的做法完全不一样，而且结局皆大欢喜。

* **切记想法并非事实。**你的想法和感受固然并非无中生有，但并不总是反映现实。比如，你可能觉得自己丑，但其

实并非如此。确认你的想法、感受和预期源自何处。然后问你自己：谁说你非如此不可？他们是真专家，还是只想控制你？他们对你的预期现实吗？他们怎么想的真的重要吗？你到底想要什么？

✹ **征求别人的意见**。所谓旁观者清，受过专业训练的心理治疗师善于发现思维陷阱，帮助我们挣脱，但你的朋友和家人也可以。找一个你信得过的人聊一聊，确保对方真的可以积极和善地给你提供有助益的反馈。他们不仅能帮你重塑想法，还会顾及你的情绪感受。

✹ **写下来**。不论记事本、线上求助论坛还是一张小纸片，写下你的经历和感受，或许可以帮你转变观念。之后，审视你的笔记，仿佛它们是别人的想法。如果一个朋友这么负面评价自己，你会如何劝说？如何帮助他们凡事积极乐观？

✹ **完成下文的练习：摆脱灾难化想象**。关键是不停地练习，重塑你的想法，直至习惯成自然！

自助练习：

摆脱灾难化想象

小题大做是最常见的思维陷阱，使得你完全不顾事实，看到一点可能的苗头就立刻产生灾难化想象。比如："如果这次考试过不了，我就上不了好大学，我的人生就完蛋了。""我老是失败，没有人会喜欢我。"如果你总是这么想（我们时不时都会如此），就会陷入自我沉沦的泥沼。等到习惯成自然，随之而来的将是情绪恶化、逃避责任和焦虑不已。

如下练习或许可以帮你摆脱这样的思维陷阱。

列出你自己的灾难化想象的例子。别去担心你的想法是否"确实"。把你最先冒出来的想法写下来。至少列出六个例子。

想一想，挑出三个你想解决的烦恼，写下来。

1. _____
_____
_____

2. _____
_____
_____

3. _____
_____
_____

对每个想法，参照以下问题，提出质疑：

* 你果真确信这个想法确凿无疑，真的会发生？
* 有哪些证据可以证明它是真的？
* 反之，有哪些证据可以证明它不是真的？
* 这个想法更多基于你的感受，还是基于现实状况？
* 如果是现实，你有能力应对吗？之前是否碰到过？

再次检视你的想法。如何使它们变得更现实、更积极？比如，你可以把"如果这次考试过不了，我就上不了好大学"变成"一次考砸其实不算啥，再说了，很多次我自觉失败的时候结果并非如此"。

1. _____

_____

_____

2. _____

_____

_____

3. _____

_____

_____

把你重塑过的想法写在纸上或便利贴上，放在你最容易和灾难化想象缠斗的地方，比如床头、卫生间甚至手机背面。

管理困难情绪

情绪包袱

学会应对困难情绪并不容易。身陷心理痛苦的人，往往愿意不顾一切摆脱痛苦。问题在于，貌似短期有效的做法长期看来往往危害甚大。我们先从这些有害的做法讲起。

否认

否认是一个人拒不承认心理有问题或需要帮助。那些被否认而日积月累的心理问题一旦爆发，就会越发不可收拾。

自我封闭

自我封闭是一个人不想参与或不再享受他们以往喜欢的人、事、物。这跟我们时不时想一个人待着大不一样，而且可能是抑郁的前兆。有的人自我封闭，可能是因为跟别人社交太费精力，或应对不暇。有的可能是觉得不被别人喜欢或被排斥。有的则是以过去为耻,不想被人揭短。不论什么原因,这么做的恶果就是:极端孤独,不被人理解,愤怒,认知扭曲。而我们必须跟人交往以保持身心平衡。

霸凌

霸凌是一个人滥用暴力、威胁或嘲笑,以显示高人一等。霸凌者往往是自己心里不好受,却通过让别人也不好受而让自己感觉好一点。但是这样做不能解决病原问题,不论霸凌还是被霸凌都深受其害。

自残

自残的形式多种多样,包括但不限于割伤自己、挨饿、大吃大喝大吐大泻或参与其他危险行为。很多人通过自残以抑制心理痛苦。这或许可以让他们暂时解脱，但亦会上瘾，长此以往危害更烈。

物质滥用

物质滥用包括滥用酒精等上瘾物，可以让人麻痹甚或愉悦而忘却眼前的痛苦。但亦会伤及大脑，因为必须一次次增加用量方可获得同样的效果。从而加剧痛苦，甚至导致自杀意念或上瘾。如果你受困于此，请跟你信得过的人交流求助。

如果你多多少少出现上述情况，不妨试试如下步骤，或许可以更安全地和困难情绪相处：

* **坦承"我感觉不太好"。**

  所谓情绪觉知力，是认同并承认心理感受的能力。拥有良好的情绪意识有助于你明白心理痛苦的发展，避免做出对己不利的反应。诀窍就是尽量准确地指出你的感受，不带一丝判断或自责。比如："他们没邀请我参加那个派对，让我非常失望和难过。"用一两天时间观察你的想法和行为。你的心理状态有何变化？写下你的观察，这是提升情绪觉知力的第一步。

✳ **允许自己全身心地感受情绪。**

悲伤、生气、焦虑、尴尬或产生其他感受的时候，人们往往急于求变，想要干点什么。或许这是自然反应，但在情绪出现的时候全身心地感受它，比着急忙慌试图改变它更重要。换句话说，花点时间与你的感受共存。这可能令人不适，却是成功应对的关键一步。当然，这并不意味着你应该任由自己生气或悲痛得不能自拔。果真如此，亦即无法摆脱或应对你的情绪，可以跟信得过的朋友家人或心理治疗师求助。

✳ **更健康地表达情绪。**

学会发现你的心理和生理征兆后，你可以更积极更健康地表达出来，比如跟别人交流、写日志。一段时间后再去浏览，看看是否有模式可循。如果记事本不仅可以让你发泄，还可以帮你解决问题，那简直是额外的收获了。还有别的表达方式吗？哭出来，如果必要的话。或是观影、看书、听音乐，如果这些作品可以跟你产生共鸣就更好，别吝惜眼泪。

✱ **释放压力。**

愤怒可能是最难表达的情绪，因为盛怒之下最容易伤和气。不妨来个剧烈的运动，出门跑个步，或者蒙着枕头尖叫怒骂。如果你正跟人说话，离开一下，直到你可以恰当表达自己想法的时候再回来。不要指责别人，多用"我感觉"之类的字眼，以表明当下的愤怒或其他感受是属于你自己的。比如，你可以说"我觉得很受伤很生气，因为你这么跟我说话"，而不是"你让我很不爽。你真是个蠢货！"

✱ **不论正面还是负面情绪都不要排斥。**

人有喜怒哀乐，实属正常不过。所有人都喜欢表达喜悦、激动和爱意，但不要因此拒斥愤怒、耻辱和受挫之类的负面情绪。压抑它们不会让它们消失——反倒会日益恶化，从而导致焦虑或抑郁等心理疾病。有时候，负面情绪甚至不可或缺：让你明白哪些重要信息与你密切相关，或你必须如何改变自己或环境。

✹ **更多诀窍？**
参阅全书末的"相关资源"部分。

远离不良影响

不良影响

- 颐指气使
- 被动攻击
- 操纵一切
- 怒不可遏
- 自我中心
- 消极悲观
- 自我嫌弃
- 指手画脚

我们的生活中充斥着众多正面和负面影响，有时候一不小心就会失衡。比如友谊，你的朋友可能总是随叫随到，以你马首是瞻，但他们可能过于尖刻或不地道，或总是口出恶言伤人心。相处久了，你可能忍不住生气或怨恨。你问自己："作为朋友，怎么可以这么说话做事呢？"

有时候，这些不良影响不会即刻爆发，而是在某次口角或翻脸后。你丈二和尚摸不着头脑，不明白他们为何如此待你，甚至怀疑自己或批评自己处置不当。更糟的是，你可能觉得自己反应过度或头脑发狂。极端形式就是所谓的"煤气灯效应"，这是一种心理操纵，指的是别人通过让你觉得自己的反应或记忆不当而试图控制你。

人际关系或情境出现这种不良影响，肯定很不舒服，但你完全可以加以改善或消除，放过自己，别上套。这些有毒的人最擅长把正面情绪和负面情绪搅和在一起，让人不明所以。增加对他们的了解，有助于你辨识并远离他们。以下是这类人的几个常见特征：

✳ **操纵摆布。**

有毒的人表面上很喜欢跟你在一起，通过对你越发深入的了解，最终达到控制你的目的。他们常常曲解你的话，让你内心愧疚，也让事情朝着他们所期待的方向发展。

✹ **残忍无情。**

他们让你不舒服的方式，最直接的就是当面侮辱，但往往以更微妙的方式伤及你的自尊。当你为自己开心或骄傲的时候，他们会想方设法贬低你的成就，甚至表现出比你更聪明更优越的样子，让你觉得自己没什么了不起。

✹ **指手画脚。**

我们或多或少都喜欢做一些判断，可是有毒的人总是指手画脚。对于自己不同意或不赞成的东西，他们往往言辞激烈、旗帜鲜明地批评，从不考虑环境或别人的感受。

✹ **被动攻击。**

就是对你不满但不直言相告。这种敌意不如愤怒明显，表现方式多种多样。比如冷嘲热讽、暗中使坏、存心干点什么——或不干什么——给你添堵，让你难受。

* **自我中心。**

    有毒的人只在乎自己。觉得自己比别人都优秀，从不顾虑他们的行为对别人的影响。有的一心只想达到他们的目的，从不妥协或顾虑别人的看法。

* **暴躁易怒。**

    最微不足道的小事也会触发他们的怒火，说出最难听最伤人的话。哪怕他们第二天道歉，也往往不真诚，且很快故态复萌。

* **操纵一切。**

    控制欲是他们最恶劣的品性。比如限制你跟朋友家人交往，除了他们，你最好与世隔绝。

虐待关系

如果你已经觉得有人想要控制你的活动或跟别人的交往，

就属于虐待关系，必须赶紧行动起来，拨打求助电话或向专业人员寻求帮助。

虐待关系的难点之一就是难以辨识，尤其对方对你的控制很微妙或你的自尊极低的时候。但虐待并非无迹可寻，而且各种虐待事件的经过和表现往往如出一辙。起初他往往大惊小怪或激动万分，因为你的新朋友绕过了他，对你特别在意和上心。你的新关系进展很快，你经常跟新朋友发短信或说话。一开始，你会觉得他对你的保护很暖心——甚至他会有点嫉妒你跟别人交往，哪怕是朋友。可是这种保护欲随后会变成占有欲和妄想症。为了证明你对他的忠诚，你开始疏远其他人，甚至放弃你的兴趣爱好和日常活动。结果，你越发依赖这个朋友，而他则利用不可捉摸的爱、批评、负罪感和其他操纵手段控制你。在他身边，你如履薄冰，小心翼翼不去冒犯、打扰或激怒他。

自助练习：

为生活排毒

现在你对有毒的人际关系或朋友有所了解，可是如何摆脱他们？关键是划清界限，可是听起来容易，做起来难。所谓划清界限，就是你对自己的情绪和行为负责，而不是对别人的情绪和行为负责。

如下问题有助于你划清界限。这里有两个步骤。首先，明确你生活中的正面和负面影响。其次，自信积极地改变，虽然可能很难很不舒服。

拎出不良影响

哪些东西非从你的生活中消失不可？写下来。可以是某个人、某种行为或处境。 _____

_____

_____

这个人、这种行为或处境为什么有毒或有种种不可接受的地方？（比如："胡乱打人""扣帽子""跟你约好了却临时取消，跑出去跟别人鬼混"。） _____

_____

_____

有没有更可取或更健康的备选？（比如："我想要一个可以鼓励我的人""我想要一个对我有耐心的人""我想要一个可以指望的人"。） _____

_____

_____

_____

重塑排毒的信心

你可以说些什么给自己打气？（比如:"我值得更健康的关系""我可以自己选择""我再也不想跟打击我，让我难受的人在一起"。）_____

_____

_____

你可以跟有毒的人说什么以划清界限？（比如:"我们再也不能这样了""我希望我们的关系更健康更积极。这些是你可以做的，这些是你绝对不可以做的"。）_____

_____

_____

你可以说什么或做什么以强化你的界限，创造一个健康的距离？（比如:"如果你这么做，我们就绝交""如果你这么说，我们就绝交"。）_____

_____

_____

结　语

　　首先祝贺你为了改善情绪和生活迈出了这么一大步！既然走了这么远，相信你已学到不少东西，但也可能你现在脑子里一团糨糊。没准几个月以来你首次觉得有指望。没准你想要觉得有指望，可是眼前还是有障碍：你太忙，顾不上自己。而本该支持你的人反而一直碍手碍脚！也没准你压根不记得这本书到底说了啥，因为你的脑子已被淹没，难以专注。

　　别担心！会好的，因为——

　　你已足够好，值得爱和尊重。就是此刻。就是你。包括你的缺点，你所有的一切。相信这句话——你已足够好，值得爱和尊重。大声说出来。"我已足够好，值得爱和尊重。"感觉如何？再说一遍，甚至无数遍，直到它化为真理，而你也相信那是真的。

还有：无须为你的问题设定严格的时间表。你的余生都是你的。就算别人比你早"到"，或日子更好过，那又如何？那是他们的人生。而你有自己的人生。可能更辛苦，但只属于你，一样不可或缺、意味深长。只要持续学习和沟通，你终会抵达。而我们说的抵达，意思就是真实的人生，不可或缺、富有意义的人生。

最后，疗愈往往不可一蹴而就。可能进一步退两步。没关系。这本书你可以随时翻看。疗愈是一个过程，而非最后的通关。我们一再强调的就是：善待自己，不断学习，与（好）人沟通。我们爱你，相信你！

提升心理健康的 30个法门

1. 用记事本记录你的感恩和成就。每天记录三件让你感激的事情和三个你实现了的目标。

2. 深呼吸。舒舒服服地或坐或卧。双手搁在肚子上。用鼻子缓缓吸气，数到4。感受肚子缓缓隆起。屏住呼吸一秒钟。然后缓缓吐气，同样数到4，如果可以噘起嘴唇吐气更佳。感受肚子缓缓凹下去。反复几次。

3. 计划一个假期。可以是跟朋友野营或开车到一个新地方。安排一个假期以及对假期的期待，可以提升你的总体幸福感长达八周之久！

4. 发挥你的优势。干一些你特别擅长的事情建立自信心，然后对付一件更难的事。

5. 保持温度凉快，好好睡一觉。理想的睡眠温度介于约16到20摄氏度之间。

6. 正念冥想。专注于你的呼吸。对任何闯入的念头不加理睬。更不要考虑任何待办清单，专注于呼吸这一件事。

7. 富有创想。尝试一个新菜谱，写首诗，画个画，在网上发个新帖。创意表达有助于提升整体幸福感。

8. 对身边人表达爱意。密切、高质量的人际关系是幸福和健康的关键。

9. 提升脑力。每隔几天犒赏自己几块黑巧克力。富含黄酮类、咖啡因和可可碱的黑巧克力可以让你更警觉，提升你的心理状态。

10. 公之于众——分享的力量。在社交媒体上发布你的病情和康复信息，并打上类似"#貌似心理疾病"的标签。也查看别人在这一话题上的分享。

11. 用涂色缓解焦虑。花个二十分钟涂涂色，放空自己。挑一个几何体，复杂一点更好。网上有很多这样的涂色纸，可以打印出来。

12. 花时间笑一笑。跟一个有趣的朋友到处闲逛，看一部喜剧电影，刷几个搞笑视频。欢笑可以缓解焦虑。

13. **断网**。把智能手机扔在家里一天，摆脱电子邮件、通知和其他干扰。找个人面对面干点好玩的事。

14. **干家务活或收拾房间的时候跳跳舞**。跳舞可以降低肾上腺皮质素（一种应激激素）分泌，同时促进内啡肽（可以让身体"好受"的化合物）分泌。

15. **打个哈欠**。研究表明打哈欠可以让大脑冷静下来，让你更警觉，提高心理效率。

16. **每周泡一个温水浴**。试试添加一些浴盐放松身心，提升血镁浓度，因为压力耗镁。

17. **尽量每天晒15分钟太阳**。阳光会合成维生素D，有助于提升情绪状态。

18. **重复一个小咒语**。安安静静地坐着，挑一个有意义或可以慰藉你的词语、短语或声音，比如"冷静一下""我好棒""淡定淡定"。可以大声重复或默念。重复可以让身体松弛下来。

19. **把困扰写下来**。什么事情在困扰你吗？拿出纸笔写下来。把不愉快的经历记录下来，可以缓解你的抑郁。

20. **撸猫遛狗**。这些毛茸茸的家伙可以抑制应激激素比如肾上腺皮质素的分泌，促进催产素的分泌，从而产生幸福感。如果你不养宠物，可以找一个有宠物的朋友，或到动物收容所做一个志愿者。

21. **形成画面**。闭上双眼，放松，想象一个静谧的地方，比如森林。让所有感官参与进来：嘎吱嘎吱响的落叶，湿乎乎软塌塌的土壤，从你身边掠过的微风。

22. **在你的城市做一个游客**。人们往往外出旅行以饱览名胜古迹，但不妨试试在你的自家后院可以发现哪些惊喜。

23. **提前准备午餐或挑好下周要穿的衣服**。这可以为你节省一些早上的时间，或对下周成竹在胸。

24. **摄入一些Omega-3脂肪酸**。比如野生三文鱼、亚麻籽、核桃仁这些食物。别的好处不提，据说它们可以大大降低抑郁症和精神分裂症的发作。鱼油补充剂也可以，但食物中的Omega-3脂肪酸还对健康的肠道菌群有益。

25. **学会宽恕**。宽宏大量的人往往心理更健康，对生活更满意。

26. **参与某些冥想锻炼**。比如动作舒展流畅的太极或气功。

27. **有压力的时候也要笑**。做起来不容易，但微笑可以降低心率，让你平静下来。

28. **感激别人**。不一定非得是物质上的，只要让别人心里知道就可以。书面致谢更是可以让你幸福感倍增。

29. **跟家人朋友在一起**。野炊、逛公园或游戏皆可。跟他们玩上几个小时，会让你十二分地幸福。

30. **户外漫步个半小时**。可以是公园遛弯或山林远足。研究显示，身处大自然可以提升精力、减少抑郁，让你身心愉悦。

相关资源

美国心理健康协会

你们可以在美国心理健康协会官网（mhanational.org）找到更多信息。花时间浏览跟你最相关的内容。比如：

* 找到适合你的支持团体（mhanational.org/find-support-groups）。这里有各式各样的支持团体及专业资源列表。
* 在线心理筛查（mhanational.org/screening-tools）。这里有针对不同心理疾病的快捷简易在线筛查，借以判断你是否已有相关症状。
* 从 A 到 Z 的各类主题（screening.mhanational.org/content/

whereget-help)。迅速找到本书未能言及的心理健康知识。

* **向谁求助** (mhanational.org/content/where-get-help)。可以指引你找到心理治疗师和其他专家的互动问卷。

其他有益机构

酒精和物质使用

　　戒酒互助会 (al-anon.org)

注意力缺陷多动障碍

　　注意力缺陷多动障碍协会 (add.org)

　　儿童和成人注意力缺陷多动障碍 (chadd.org)

自闭症

　　美国自闭症协会 (autismsociety.org)

　　自闭症谱系联系中心 (aspergersyndrome.org)：面向个人、家庭、朋友的自闭症和阿斯伯格综合征支持信息。

霸凌

青少年反霸凌（pacerteensagainstbullying.org）：由青少年一手创立。

抑郁症和躁郁症

抑郁症和躁郁症支持联盟（dbsalliance.org）：朋辈支持和资源系统。

进食障碍

美国饮食障碍协会（nationaleatingdisorders.org）

一般心理健康

青少年求助（TeenHelp.com）：对自尊、自杀、抑郁、性虐待/创伤和物质使用提供指引。

天生完美基金会（bornthisway.foundation）：善意项目和朋辈关系，活跃博客，大量资源列表，危机热线。

OK2TALK（ok2talk.org）：分享关于康复、不幸、抗争或希望的个人化艺术表达。

美国之力（strengthofus.org）：朋辈支持和资源分享。

问爱丽丝（goaskalice.columbia.edu）：关注心理健康的在线答疑。

美国心理疾病联盟（nami.org）：家庭支持和呼吁。

悲痛和失落

美国临终关怀基金会（hospicefoundation.org）：针对青少年的支持团体和悲伤辅导。

无家可归

庇护之家（covenanthouse.org/homeless-shelters）：为无家可归的青少年提供住宿和帮扶。

LGBTQ+

美国 LGBT 帮助中心（glbthotline.org 或 800-2467743）：提供电话和电子邮件的朋辈咨询服务以及信息资源。

特雷弗计划（thetrevorproject.org）：针对 LGBTQ 青年的最大社交网络社区。热线电话1-866-488-7386，每天24小时可得。

生理和心理虐待

爱即尊重（loveisrespect.org）：匿名、保密、实时、一对一的支持、信息、呼吁系统，针对约会的虐待关系。亦可发送短信"LOVEIS"至 22522，或拨打电话 1-866-331-9474。

自杀

美国自杀预防基金会（afsp.org）

黄丝带（yellowribbon.org）：关于自杀干预的信息和资源。

妥瑞症

美国妥瑞症协会（tourette.org）

美国免费热线

* 男孩城1-800-448-3000：援助青少年和父母的危机、资源和转诊热线。
* 美国儿童帮扶1-800-422-4453（1-800-4-A-Child）：受过虐待（包括性虐待）的少年和成人帮助热线，由心理健康专家主持，也提供转诊服务。
* 庇护之家1-800-999-9999：为无家可归和有危险的个人提供危机辅导。
* 危机短信服务：24小时在线，可在美国任意地方发送"MHA"至741741，几分钟内，受过训练的真人危机辅导员就会回复你。短信免费、保密且不会出现在你的电

话结算单上。

* 全美家庭暴力热线1-800-799-SAFE (7233) 和1-800-787-3224 (TTY)。
* 全美性侵犯电话热线1-800-656-HOPE (4673)：受过训练的人士会为你提供性侵犯的咨询服务。
* 美国自杀预防热线988：24小时在线。
* 美国药物滥用与心理健康服务局（SAMHSA）的治疗定位服务电话1-800-662-4357：为你提供当地心理健康服务的资源和信息。

免费心理健康 App

* Calm（calm.com）：引导式冥想，睡前故事，呼吸训练和轻音乐。
* Calm Harm（calmharm.co.uk）：帮助用户抵抗或管理自残冲动。
* MindShift（anxietycanada.com/resources/mindshift-

cbt）：缓解青壮年的焦虑。

* NotOK（notokapp.com）：由青少年开发的应用，一个点击即可把你当前的 GPS 定位发给可信的联系人。信息文本如下："嗨，我有麻烦！请给我电话、短信或直接过来找我。"

* Oak（oakmeditation.com）：冥想和呼吸 App。

* Shine（theshineapp.com）：由一个黑人女性和一个日裔女性开发的冥想 App，有别于主流的健康计划。

* Ten Percent Happier（tenpercent.com）：500 多种关于焦虑、压力、睡眠的引导式冥想以及视频、小故事、引导音频。

我到底怎么了
青少年心理健康指南

作者 _ 美国心理健康协会　　绘者 _ [美] 吉玛·科雷尔　　译者 _ 李剑敏

产品经理 _ 周喆　　装帧设计 _ 何月婷　　产品总监 _ 阴牧云
技术编辑 _ 白咏明　　责任印制 _ 梁拥军　　出品人 _ 贺彦军

营销团队 _ 果麦文化营销与品牌部

果麦
www.guomai.cn

以微小的力量推动文明

图书在版编目（CIP）数据

我到底怎么了：青少年心理健康指南 / 美国心理健康协会著；李剑敏译 . -- 成都：四川文艺出版社，2024. 8. -- ISBN 978-7-5411-7008-9

Ⅰ . G444-62

中国国家版本馆 CIP 数据核字第 2024VW6057 号

Where To Start: A Survival Guide to Anxiety, Depression, and Other Mental Health Challenges
by Mental Health America and illustrated by Gemma Correll
All rights reserved including the right of reproduction in whole or in part in any form.
This edition published by arrangement with Rocky Pond Books, an imprint of Penguin Young Readers Group, a division of Penguin Random House LLC, through Bardon-Chinese Media Agency

著作权合同登记号 图进字：21-24-089 号

WO DAODI ZENME LE: QINGSHAONIAN XINLI JIANKANG ZHINAN
我到底怎么了：青少年心理健康指南
美国心理健康协会　著
李剑敏　译

出 品 人	冯　静
责任编辑	路　嵩　谢雯婷
责任校对	段　敏
出版发行	四川文艺出版社（成都市锦江区三色路 238 号）
网　　址	www.scwys.com
电　　话	021-64386496（发行部）　028-86361781（编辑部）
印　　刷	河北鹏润印刷有限公司
成品尺寸	150mm×213mm
开　　本	32 开
印　　张	6.75
字　　数	107 千
版　　次	2024 年 8 月第一版
印　　次	2024 年 8 月第一次印刷
印　　数	1 — 6,000
书　　号	ISBN 978-7-5411-7008-9
定　　价	55.00 元

版权所有　侵权必究。如发现印装质量问题，影响阅读，请联系021-64386496调换。